CRESÇA *e* ACONTEÇA

24 CHAVES PARA SEU
CRESCIMENTO PROFISSIONAL

EDITORA
CHAVE MESTRA©

Título original em Português: Cresça e aconteça - 24 chaves para seu crescimento profissional

Direção editorial: Raquel Medeiros
Revisão: Híllona Anjos
Diagramação: Daniel Marchesani
Design de capa: Matheus Francelino da Silva

O conteúdo desta obra é de total responsabilidade dos autores e não reflete necessariamente a opinião da editora.

Dados Internacionais de Catalogação na Publicação (CIP)

Vale, Rogério (Organizador)
V149 Cresça e aconteça - 24 chaves para seu crescimento profissional / Rogério Vale – Barueri, SP: Chave Mestra Editora, 2023.
200 p. : 16 x 23 cm - 2ª Tiragem

ISBN 978-65-84979-25-3

1. Desenvolvimento pessoal. 2. Mindset. 3. Negócios. 4. Riqueza. 5. Sucesso nos negócios. 6. Atitude. I. Título.

CDD 158.1

EDITORA
CHAVE MESTRA®

SUMÁRIO

PREFÁCIO

Caro leitor, se você busca um manual para se tornar um profissional de altíssimo desempenho, parabéns! Você encontrou!

Este livro deve ser o seu novo companheiro de cabeceira. Com dicas e estratégias baseadas em teorias e experiências, esta obra irá te apoiar na construção de uma jornada de sucesso.

Aliás, sucesso é uma palavra tão subjetiva, carregada com inúmeros significados de histórias pessoais e profissionais; entretanto, para atingi-lo, a subjetividade precisa dar espaço àquilo que é realista, para se apoiar em *soft skills* e *hard skills*.

Contudo, não posso deixar de falar aqui que a mola propulsora para isso está na mudança do seu *mindset*.

Querer crescer e fazer acontecer faz parte do estilo de vida de um sujeito que, racionalmente, decide ter e viver.

Não é fácil! Tudo é difícil! E tenho que dizer a você: ter sucesso é muito difícil. Mas, preciso te lembrar: viver uma vida de escassez, como, por exemplo, ir a um restaurante e ter que decidir a escolha do prato pela coluna da direita do cardápio, também é difícil.

Logo, cabe a cada um escolher "o seu difícil".

Ter a maturidade em compreender que o mundo não te deve nada e que ninguém tem obrigação de te ajudar acelera demais o seu crescimento pessoal e profissional.

Muitas pessoas estão estagnadas nas suas carreiras há anos, pois estão esperando que alguém lhes dê uma oportunidade ou lhes abram uma porta. Ninguém irá lhe dar uma oportunidade, nem tampouco lhe abrir uma porta!

Você é quem deve se desenvolver a ponto das oportunidades chegarem até você e as portas se abrirem por onde você caminhar. Isso é construído! Leva tempo! É dolorido! E dependerá 100% do seu esforço em construir habilidades, competências, credibilidade e reputação.

O mundo é feito de resultados! Acostume-se com isso!

E, para se ter resultado, é preciso ter muita disciplina para fazer o que deve ser feito, sem precisar que alguém lhe mande. É preciso ser resiliente para se levantar todas as vezes que puxarem o seu tapete. É preciso ter inteligência emocional para perdoar os que te prejudicaram, pois só assim você será capaz de se desprender para subir próximo nível. Entenda: ser um profissional de sucesso depende única e exclusivamente de você! Isso é uma decisão.

Milhares de pessoas já passaram pelos meus treinamentos e atendimentos; portanto, meus mais de 35 anos de experiência profissional me permitem fazer algumas considerações: mais de 80% dos profissionais são infelizes nas suas carreiras, porém, não tem coragem de viver a vida que gostariam porque sabem que não têm performance para se recolocar num mercado competitivo.

E mais uma vez isso me chama a atenção: não tem nada a ver com a falta de oportunidade. Tem tudo a ver com a falta de habilidade e competência.

Nesta obra, você encontrará uma coletânea de habilidades comportamentais e técnicas, brilhantemente discorridas pelos autores que são fundamentais para que você cresça e aconteça.

Você merece crescer e acontecer. Aliás, você nasceu para dar certo! Não existe nenhuma possibilidade nesta vida de você dar errado. O problema é que, muitas vezes, você está mal assessorado, ou seja, convivendo com pessoas erradas que facilmente te convencem a pegar uma rota errada.

Este livro te ajudará a corrigir a rota, mas eu preciso te perguntar: você quer corrigir a sua rota?

Corrigir a rota fará com que você tenha dias difíceis, mas continue mesmo assim. Não sinta pena de você. Deus não tem pena de você. Deus ama você. Tanto ama que Ele te corrige, como bem escrito em Hebreu 12:6, "o Senhor corrige ao que ama, e açoita a todo o que recebe por filho".

Corrigir a rota é desenvolver as competências e habilidades certas para atingir o sucesso. É abrir mão de algumas coisas para conseguir outras. É responder a essa pergunta:

Quanto tempo faz que você anda colocando vírgulas em situações que merecem um ponto final?

Agora é com você!

Me despeço deixando você em excelentes mãos. Cada um dos autores "desenharam" em seus textos o caminho do sucesso... Pegue a rota certa!

Com carinho,

Dra. Érica Belon

Adriana Fonseca

Sou Adriana Fonseca, de Recife/PE. Sou forte, determinada, sou humana, sou amada. Sou casada com Herbert, mãe dos trigêmeos Hyale, Hugo e Hyasmin.

Sou contadora por formação, bancária por opção, apaixonada por aprender, ensinar, conduzir pessoas, desenvolver e descobrir talentos. Por isso, fui buscar e me descobri, após fazer a formação em *Coaching* Integral Sistêmico, análise de perfil comportamental – DISC, e *Coaching* de Carreira.

Minha missão maior é iluminar as inteligências dos adolescentes e jovens, preparando-os para serem os profissionais do futuro. Meu propósito é levar a pessoa a TER felicidade plena pelo que ela É e FAZ com amor, e seguir uma carreira merecida.

adrianacffonseca_
(81) 99871-0069
Adriana Fonseca

1 VISÃO ESTRATÉGICA

Por Adriana Fonseca

Ter uma visão estratégica é ter uma habilidade que pode ser desenvolvida e isso significa aproveitar as potencialidades descobertas de cada ser. Significa seguir um caminho, um plano, um método para alcançar um objetivo ou resultado especifico.

Muita gente entra em uma estrada sem saber onde vai chegar, só porque vê todo mundo indo por ali ou porque o início dela está iluminado, mas não confere para onde está indo e isso não quer dizer que seja o seu caminho. Vemos muito o caminho de frequentar o período escolar e se preparar no Ensino Médio para disputar uma vaga na universidade em busca da profissão. E para os que não querem estudar, buscam um trabalho qualquer para ganhar dinheiro sem nenhum propósito ou visão clara de futuro.

De acordo com os dados do SEBRAE, 60% das empresas fecham em até 5 anos, porque em 55% destes casos, o empreendedor não tinha visão nem planejamento estratégico. Ao abrir uma empresa, parte dos empreendedores não levantam as informações importantes sobre o mercado, não sabem sobre seu público-alvo, valor do lucro, volume de vendas, capital de giro necessário, não sabem sobre seus concorrentes, localização, fornecedores, aspectos legais do negócio, qualificação e perfil comportamental necessário para o quadro de funcionários.

Não buscam ajuda, conselheiros, e não fazem um plano sucessório. Com isso, a vida vira uma ruína de problemas financeiros e psicológicos devastadores. Portanto, um tempo maior dedicado ao planejamento, à pesquisas, à busca de informações, permite que se conheça melhor o mercado antes de ingressar em um negócio ou projeto, ou encarar um curso superior, o que resulta na redução dos riscos e no aumento das chances de sucesso.

Chegou o tempo de caminharmos não apenas pelo o que estamos vendo, mas pelo que ainda vai acontecer. Todo nós temos a capacidade de imaginar ou enxergar o futuro no curto, médio e longo prazo. A visão estratégica é COMO eu vou conseguir algo e isso significa TUDO na vida e nos negócios! Para obter uma visão estratégica, o ser humano deveria ter estímulos que os desenvolvesse ele ainda na infância para que na adolescência venham as descobertas das suas potencialidades, que também chamamos de habilidades emocionais, capacidades, talentos e esperteza própria.

Toda estratégia irá depender exclusivamente e primeiramente de QUEM você É, onde você se encontra, e qual seu destino, ou seja, ONDE você quer chegar para depois descobrir o COMO você irá chegar. Descobrir O COMO é exatamente desenvolver a visão estratégica. E para saber onde quer chegar, é preciso ter a consciência de "o que" te trouxe até aqui e "como" você chegou, nesse momento de vida. Chega-se à conclusão que o autoconhecimento é a base de qualquer estratégia. Sabendo verdadeiramente quem sou, minhas fortalezas, minhas competências, meus valores, meus pontos a desenvolver, se tenho algo no mundo que me faz sentir indignação para me motivar à mudanças, fica claro descobrir e perceber o que gosto de fazer para fornecer ao mundo e seguir o meu destino.

Uma das estratégias pessoais para o mercado de trabalho está relacionada ao desenvolvimento de habilidades emocionais, chamadas de ***soft skill.*** Algumas delas são: foco, comunicação, organização, planejamento, persuasão, criatividade, indo muito além dos títulos técnicos e acadêmicos, (as chamadas ***hard skills***), englobando também as competências pessoais e interpessoais. Segundo o Fórum Econômico Mundial, as habilidades essenciais do futuro serão, sem dúvidas, as comportamentais, ou seja, as ***soft skills***. Todos nós temos nossas soft skills de essência, mas o melhor é que todas elas podem ser desenvolvidas desde que você mergulhe no autoconhecimento e ouça o feedback de pessoas do seu convívio pedindo para que elas digam para que elas digam quais características e habilidades são notáveis em você e quais são inexistentes ou deficientes que merecem sua atenção.

Uma das ferramentas usadas no mundo corporativo e pelas consultorias em recursos humanos, para desenvolvimento pessoal e de projeto de vida profissional é a análise SWOT. O termo é uma sigla em inglês que significa (**S**trengths – forças; **W**eaknesses – fraquezas; **O**portunities – oportunidades e **T**hreats – ameaças). Em português, é chamada de "análise FOFA". Seu objetivo principal está em realizar a análise de cenários com clareza, de recursos internos pessoais, identificando seus pontos fortes e fracos e assim, cruzar oportunidades e ameaças dentro do ambiente interno e externo das organizações, servindo de indicador para demonstrar a situação organizacional ou pessoal do profissional, colocando em prática ações fortalecedoras, bem como de melhorias.

A maioria dos empreendedores quando pensam em uma atividade ou negócio, pensam logo na forma de ganhar dinheiro, pagar suas contas pessoais com facilidade, ficar rico e poder desfrutar de sonhos, viagens, satisfações pessoais e um futuro garantido. Mas raríssimos tem um pensamento de querer fazer algo para mudar o mundo e fazer dele um lugar melhor para todos, ou seja, deixar sua boa obra.

O profissional, seja ele empreendedor ou não, precisa ter em mente: qual o problema das pessoas eu quero resolver? O que eu quero mudar, o que eu quero alcançar, onde eu quero chegar, para quem, porque, quando e COMO? Essa clareza faz toda a diferença. Seja para um profissional em busca do seu sucesso, para uma empresa que nasce a partir de uma ideia ou ainda para um profissional ou empresa que deseja transitar de carreira ou negócio, se redescobrir, se reinventar.

Nossa sociedade está avançando de forma exponencial, com transformações diárias e instantâneas. Mudam as formas de nos comunicar com quem mais importa para nossas vidas, ao mesmo tempo que mudam a forma como consumimos os mais variados conteúdos, pelas inúmeras plataformas e canais da ***internet*** e redes sociais. Essas mudanças resultam na transformação das profissões e do mercado de trabalho. Carreiras estão perdendo o seu prestígio, enquanto novas estão surgindo justamente a partir desse conhecimento, que está em constante evolução.

Pela velocidade das informações, pelo avanço da tecnologia, o quanto o comportamento humano muda, o quanto o mundo muda ou o quanto as certezas aumentam ou diminuem, isso pouco importa, o que importa é que as características e as necessidades das pessoas não mudam. Todos nós gostamos de sermos valorizados, de sermos reconhecidos e elogiados; gostamos de ser peculiares, de realizarmos coisas que sonhamos para nós mesmos ou para as nossas famílias, buscando a relação com a felicidade. Apenas passaram a existir novas formas de comportamentos, novas formas de negócios e novas formas de olhar o futuro. Nem sempre é preciso ter muito dinheiro, nem sempre é preciso ter muitas ideias, mas sim, uma boa visão.

Além da visão, ter atitude baseada na solução de problemas complexos enfrentados por alguém ou por uma categoria, amenizando as dores, lhes trazendo satisfação, realização e bem-estar para os que adquirem seu produto ou serviço e além de tudo, acreditar. Já vivemos no mundo onde O QUE fazíamos era muito mais importante e, atualmente, "COMO" fazemos tornou-se essencial diante os desafios da concorrência, assim como o cumprimento de todas as regras, dessa forma todos devem chegar em um resultado que deve ser mensurado "o que" se atinge. Com o mundo ficando cada vez mais conectado, o desafio do sucesso aumenta e o pensamento estratégico é essencial para o ser humano. O ideal é começar a desenvolver essa habilidade ainda quando criança, e para isso temos jogos como o xadrez, que servem para estimular esse pensamento.

Para empreendedores, a visão estratégica facilita observar as prioridades da empresa, tomar decisões com maior segurança e direcionar passos com mais foco e assertividade, possibilitando aos gestores e equipes melhorarem a produtividade e concretizar os resultados da empresa em qualquer área, seja ***marketing***, planejamento, pessoal, administração, finanças, produção, etc. Para isso, é extremamente necessário que um ser humano tenha conexão com o outro. O que o outro deseja obter, alcançar e como você pode ajudar, tudo é uma troca. COMO fazemos o que fazemos é o segredo do sucesso sustentado e duradouro dos vencedores.

Temos diversas ferramentas que já foram desenvolvidas, testadas e são aplicadas no desenvolvimento de empresas e dos profissionais. Uma delas mede a nossa capacidade de definir metas, que surge a partir do conceito SMART, onde significa que as metas devem ser e**S**pecificas, **M**ensuráveis, **A**lcançáveis, **R**ealísticas e dentro do **T**empo definido, para que sejam executadas.

Ter uma visão estratégica é ter conhecimento e conhecimento é poder! Antes era para poucos, hoje o conhecimento é o tempo todo compartilhado com mais pessoas dentro das novas realidades. O importante é transformar a visão em ação. Uma visão com ação pode mudar o mundo.

Diante da minha experiência com meus filhos (trigêmeos), quando ainda estavam em idade escolar, observei que essa não era uma demanda exclusiva minha e sim, observei em nossa sociedade a importância e necessidade da atuação de um profissional especializado em estratégia para carreira e negócios.

Resolvi me capacitar para ajudá-los e acabei me profissionalizando para guiar jovens ou adolescentes que necessitam de orientação nessa caminhada de incertezas, na busca da sua vocação profissional, de escolher seu curso superior e seu propósito. Existe também uma demanda de profissionais formados consolidados desejando fazer mudanças em seus hábitos e comportamentos, com o intuito de atingir a alta performance, eliminando suas crenças limitantes para o progresso ou até mesmo mudar a área de atuação fazendo transição de carreira.

Tudo isso você encontrará no meu curso ***online*** ou presencial, em que utilizo mais de 30 ferramentas e todo o passo a passo, da metodologia do coaching integral sistêmico de carreira para que você conquiste o sucesso desejado como estudante, empreendedor e profissional. Então, se cada um de nós tivermos o compromisso em fazermos o melhor que pudermos enquanto profissionais inseridos em uma sociedade para melhorar o mundo, o realizaremos com essa visão estratégica e, com certeza, teremos um mundo, no mínimo, mais feliz.

"

Uma visão com ação pode mudar o mundo.

Adriana Fonseca

ARYANA MARTINS

Era uma vez uma menina tímida, que morava em Maceió, uma cidade linda do nordeste brasileiro. Ela era a filha mais velha e costumava escrever "relatórios" apontando as "não-conformidades" dos seus irmãos quando os pais estavam ausentes.

A menina cresceu e tornou-se técnica em informática, até que um dia viu diante dos seus olhos a chance de transformar-se na qualidoida que é hoje.

O tempo passou, ela tornou-se empreendedora e um dia recebeu um diagnóstico pesado: um câncer.

Com medo de morrer, ela buscou uma maneira de permanecer viva, e encontrou na qualidade a possibilidade de deixar um legado, o qual vem sendo construído e você pode conferir no perfil **@aryanacomqualidade** do Instagram.

aryanacomqualidade

2 A QUALIDADE QUE TRANSFORMA

Por Aryana Martins

O começo de tudo

O ano era 2021, estávamos no auge da pandemia da COVID-19 e ninguém tinha certeza de nada. Diante de um cenário tão complexo e cheio de medos e perdas, eu sentia-me cansada além do normal, o que não era habitual, pois sempre fui muito ativa e disposta.

Após fazer os exames solicitados em uma consulta de rotina, fui surpreendida com um nódulo na tireoide, o qual indicava uma probabilidade acima de 80% de malignidade. "O seu caso é cirúrgico e tem grandes chances de ser um câncer" - foi o que ouvi da médica antes de sentir o chão sumir bem debaixo dos meus pés.

Eu tinha 39 anos e era uma mulher relativamente saudável, sem vícios e sem histórico de doenças graves; jamais imaginei enfrentar algo tão pesado. Mas confesso que isso não era o que mais me preocupava. Eu estava apavorada com a possibilidade de que as minhas filhas poderiam crescer sem uma mãe por perto. Após compartilhar a situação apenas com meu marido e irmão, eu desabei e passei três dias trancada no meu quarto chorando escondida das crianças.

Eu sabia que deveria ser forte, mas eu precisava daquele tempo para sentir toda a dor, medo e revolta, me levantar e enfrentar o que estava por vir. E assim foi feito.

O mantra

Após esse momento em que me permiti desabar, eu estava decidida a fazer tudo o que estivesse ao meu alcance para viver e passei a adotar a frase

"Eu tive câncer, mas ele nunca me teve" como um mantra, que vinha à minha mente todas as vezes em que eu pensava em fraquejar.

Eu estava diante de uma situação inesperada, que gerou diversos impactos em minha vida pessoal e profissional. Eu senti, mais do que nunca, a vontade de construir algo que pudesse permanecer vivo, que me fizesse ser lembrada, que ficasse nas pessoas que eu amava e encontrei na ***qualidade*** as ferramentas para fazer isso.

Nessa época, eu era sócia de uma empresa que oferecia serviços de consultorias há 12 anos. Algo que já estava consolidado, mas, para minha surpresa, foi a primeira coisa que o câncer abalou, fazendo com que eu encerrasse aquela parceria e iniciasse uma nova trajetória individual no momento mais difícil da minha vida. Pensei no meu mantra, respirei e decidi encarar o desafio.

A virada de chave

Eu sempre entendi que nada acontece sem a permissão de Deus e se eu estava passando por aquilo, certamente, existia um motivo que me levaria ao propósito de vida. Mas qual seria este propósito? Seria algo que eu ainda não sabia e deveria aprender? Eu teria tempo para isso? Foram muitas noites com dezenas de perguntas como essas na cabeça.

A resposta veio quando eu menos esperava: em uma tarde de descanso, quando eu estava assistindo ao filme "Soul - Uma aventura com alma" com a minha família. Essa é uma daquelas animações feitas para crianças, mas que fazem os adultos repensarem a sua vida.

Naquele momento, eu percebi que esse tal propósito que todo mundo fala nem sempre é algo mirabolante. Ele pode ser aquilo que você já vive, mas que ainda não percebeu o quanto significa na sua vida. Esse era o meu caso, pois sempre tive vocação para a qualidade, deixei a informática para trabalhar com isso e amava o que fazia. Eu só não tinha entendido ainda que a qualidade vai muito além de metodologias e ferramentas que se aplicam às empresas. Aconteceu aqui uma grande virada de chave.

A partir disso, eu comecei a ver a qualidade como uma atitude que pode ser praticada por qualquer pessoa que busca melhores resultados. Sim, qualidade serve para a vida. Ela é capaz de transformar pessoas. Pessoas transformam empresas. Empresas transformam o mundo.

Uau! Com esse entendimento, eu acabava de encontrar o meu propósito e ele seria a base para a construção do legado que eu tanto queria. Eu tinha um plano e partiria determinada para a execução. "Eu tive câncer, mas ele nunca me teve" - lembrei mais uma vez do meu mantra e segui em frente.

A qualidade está em tudo

Com um perfil predominantemente analítico, decidi que começaria redefinindo o meu posicionamento. Eu queria me desvincular da imagem da empresa na qual havia trabalhado por mais de uma década e resolvi contrariar os especialistas em Marketing Digital, criando um único perfil no Instagram, o qual chamei de @aryanacomqualidade, porque compartilharia ali o meu dia a dia nos diferentes papeis que assumo, mostrando como a qualidade está presente em cada um deles.

Até então, eu abordava apenas a qualidade que serve para melhorar a gestão das empresas, aquela que definimos genericamente como o atendimento aos requisitos das partes que afetam ou são afetadas pelo negócio. A partir dali, eu precisava mostrar como essa mesma qualidade pode ajudar a transformar a vida das pessoas.

O meu desafio era transformar a qualidade técnica, baseada em requisitos normativos, em algo mais leve, compreensível e que despertasse nas pessoas o desejo de viverem essa transformação, que começaria por elas, mas poderia exponenciar abrangendo suas famílias, seus trabalhos e construindo um mundo melhor, mais organizado e equilibrado para todos.

Comecei olhando para aquilo que eu já sabia, mas com um olhar diferente daquele que eu costumava adotar. Relembrei diversos conceitos da qualidade e percebi que todos eles expressam, simplificadamente, que a qualidade consiste em fazer o melhor que você pode com os recursos que você tem. É não se contentar em fazer o mínimo, de qualquer jeito, empenhando-se sempre em ir além.

Para alcançar essa qualidade precisamos, primeiramente, entender que ela é uma atitude, uma predisposição de cada indivíduo. Tem gente que vai fazer apenas a sua obrigação e, ainda assim, muito mal? Lógico que tem. Mas quem tem compromisso com a qualidade sabe que deve praticá-la todos os dias, em todas as tarefas, pois a constância leva à evolução.

Os princípios da qualidade para a vida

Eu acabava de chegar a um conceito de qualidade que se aplicava para as empresas e para a vida. Entendi que esse empenho em praticar a qualidade precisava ser desdobrado em alguns passos e lembrei-me da ISO 9001. Esta norma, publicada pela primeira vez em 1987, traz todas as regras que as empresas devem cumprir para ter um Sistema de Gestão da Qualidade e começa apresentando os 7 Princípios da Qualidade, que são: Foco no cliente, liderança, engajamento de pessoas, abordagem de processos, tomada de decisão baseada em evidência, melhoria e gestão do relacionamento.

Eu sempre entendi que estes princípios, da forma como eles são definidos, aplicam-se exclusivamente aos negócios. Mas seria possível, a partir deles, estabelecer algumas regras que as pessoas pudessem adotar para viverem com qualidade? Comecei a pensar sobre isso, estudei, li artigos, normas, livros e o resultado você pode conferir a seguir.

Princípio 1 - Foco no objetivo: Defina com clareza quais são os seus objetivos pessoais e profissionais, assim como os motivos pelos quais deseja alcançá-los e construa um plano de ação eficiente.

Princípio 2 - Autoconhecimento: Olhe para si mesmo e identifique quais são os seus pontos fortes e fracos, analisando se eles te aproximam ou te afastam dos objetivos que deseja alcançar.

Princípio 3 - Resiliência: A jornada a ser percorrida para alcançar os seus objetivos pode ser longa e repleta de obstáculos. Diante disso, lembre-se dos seus motivos para continuar e mantenha-se comprometido.

Princípio 4 - Equilíbrio: Assim como acontece em uma empresa em que vários processos estão interrelacionados e geram um resultado, a sua vida também é formada por várias partes que formam o todo e que precisam de cuidado para garantir o seu bem-estar físico, mental, social e espiritual.

Princípio 5 - Inteligência emocional: As suas emoções precisam ser compreendidas e gerenciadas para que não afetem a sua vida, o relacionamento com outras pessoas e o alcance dos seus objetivos.

Princípio 6 - Gestão de relacionamentos: Você é um ser social e que precisa conviver da melhor forma com outras pessoas. Invista tempo de qualidade para fortalecer as relações que são importantes para você.

Princípio 7 - Melhoria: Nunca se acomode diante dos resultados alcançados, ainda que sejam bons. Esteja sempre questionando-se como pode melhorar ainda mais.

Os primeiros resultados

Eu me encantei tanto com essa nova forma de ver a qualidade que queria falar sobre isso para o maior público possível. Por isso, comecei a criar conteúdos nas redes sociais que contassem a minha história, mostrassem como eu aplico os princípios para a vida e levassem as pessoas a serem transformadas também.

Em 12 meses vivendo esse propósito, eu saí de 800 seguidores para mais de 10.000 na data em que estou escrevendo esse livro. Esse crescimento chamou a atenção de empresas e profissionais que eu tinha como referência, levando-me a realizar treinamentos, palestras e participar de eventos de nível nacional. Os convites de parcerias aumentaram significativamente, tornei-me colunista do maior blog sobre qualidade em língua portuguesa (Blog da Qualidade), tive artigos publicados em espanhol e gravei um episódio para o maior podcast brasileiro sobre gestão (Qualicast).

Ahh e o câncer que tanto me assustou lá no começo? Foi superado. Fiz a cirurgia de tireoidectomia total, precisei realizar um esvaziawmento cervical e as sessões de radioiodoterapia. Hoje estou bem, ainda em acompanhamento, mas curada porque creio que **eu tive câncer, mas ele nunca me teve**.

A decisão é sua

Eu não sei por quais dificuldades você já passou nessa vida, quais são os seus medos e os obstáculos que te impedem de viver uma vida plena e feliz. Mas, se você está vivo e lendo esse texto agora, você tem a oportunidade de fazer uma escolha importante: continuar vivendo do jeito que está e aceitar o que vier ou permitir que a qualidade te ajude a melhorar e te leve a alcançar resultados jamais imaginados, como aconteceu comigo. Qual será a sua decisão?

Caso escolha seguir uma nova jornada, eu quero te presentear com algumas ferramentas de apoio. Você pode acessá-las usando o QR Code a seguir:

"

A qualidade transforma pessoas. Pessoas transformam empresas. Empresas transformam o mundo.

Aryana Martins

CHANEL

Carina Previato

Sou Carina Previato Pereira de Oliveira, pedagoga, pós-graduada em Docência do Ensino Superior, em Neurociência e Performance Humana, *Master Coach* Integral Sistêmico, C.E.O. do Instituto Empodere de Treinamentos, escritora e palestrante.

Ajudo mulheres a encontrar o seu propósito, alinhando a sua vida pessoal e profissional

carinapreviato

Carina Previato / Master Coach e Palestrante

www.carinapreviato.com.br

carinapreviato@hotmail.com

Instituto Empodere: (44) 99183-1777

Podcast: Pode Tudo com Carina Previato

3 Comprometimento

Por Carina Previato

A palavra "comprometimento" é um substantivo masculino que significa ação de se comprometer com alguém ou alguma coisa. Uma palavra que tem origem no termo em latim ***compromissus***, que indica o ato de fazer uma promessa. Por esse motivo, comprometimento é um sinônimo de compromisso.

Podemos demonstrar o comprometimento em várias áreas, tanto em relacionamento amoroso - onde há comprometimento de duas partes - como também no comprometimento organizacional. E é sobre este que irei falar.

Uma matéria no blog Sólides traz uma matéria sobre o comprometimento no trabalho - como criá-lo e mantê-lo - e alerta que, sem dúvida nenhuma, o profissional que tem um bom comprometimento no trabalho traz um diferencial entre seus colegas e no mercado. Porém, é responsabilidade da empresa gerar políticas, estratégias, ações e técnicas para que o seu quadro de funcionários se sinta motivado e comprometido.

Baseados nisso, precisamos entender: o que é o comprometimento no trabalho? Qual a sua importância e quais os seus benefícios? É essencial entender, pois se hoje desejamos nos destacar em um mercado de trabalho que é tão competitivo, precisamos procurar realizar todas as tarefas e demandas de forma eficaz e produtiva, gerando assim atitudes e comportamentos que somente uma pessoa com características responsáveis possui. Realizando todas as tarefas com êxito, cuidando dos detalhes e se preocupando com a melhor execução, ou seja, é importante que o departamento de RH comande todo esse processo de maneira correta e eficaz, desta forma, irá juntamente com toda a equipe que se preocupar com a produtividade dos profissionais.

Um erro cometido por muitas empresas é que elas não estão dispostas a acompanhar e analisar o crescimento dos seus colaboradores. Vale ressaltar que nem todos os profissionais estão comprometidos com o trabalho e, de certa forma, acabam influenciando os colegas da equipe de maneira negativa, por isso, é importante entender que o comprometimento trará inúmeras vantagens e benefícios para você.

Em 2019, o canal Actio trouxe trechos da fala de Mário Sérgio Cortella, professor e filósofo, sobre gestão de pessoas e comprometimento:

"Não há um único modo de engajar as pessoas ou de comprometê-las, mas só um modo de **não** comprometê-las: é não deixar claro qual o objetivo, qual é a missão em que elas estão, qual é o projeto de futuro e qual é a capacidade de crescimento que elas terão ali, isto é, quando elas encontram apenas um emprego, ou seja, uma fonte de renda.

Toda vez que alguém, no local de atividade, encontra uma fonte de renda e não um projeto de vida em que ela quer crescer e ir adiante, ela encontra também ali a realização de não ter o compromisso, por isso e antes de qualquer coisa, adotar uma série de medidas são concomitantes. De um lado, deixar claro qual é a visão e a missão daquela organização; segundo, colocar as pessoas no processo de formação continuada, de maneira que elas percebam que a empresa investe nelas e não apenas em si e tira a capacidade de trabalho.

Em terceiro lugar, situações de reconhecimento pelas relações de tarefas, capacidade de festejar e comemorar, lembrar-se das coisas e tudo aquilo que nos faz grudar e unir. Quando a situação fica mais crítica, temos que estar preparados, porque se eu não obtenho compromisso quando a situação é boa, imagina se conseguirei quando a situação estiver mais crítica".

Baseados nessas e outras situações, podemos encontrar muitas ideias sobre o comprometimento relacionado ao crescimento profissional, mas eu quero te dizer qual é a minha visão diante disso.

Quero te fazer pensar que, por muitas vezes, buscamos o "como" das coisas, mas essa é uma busca racional por uma necessidade emocional. Eu vou te explicar melhor. Pense, por exemplo, em uma pessoa que está em busca de uma promoção no trabalho e sinaliza passo a passo de como quer chegar a isso; só que ela saiu em uma busca emocional atrás dessa conquista, porque na sua vida cotidiana, ela não gosta de acordar cedo, ela chega sempre atrasada no trabalho, tem dificuldades de prestar atenção e seguir regras, tem dificuldade de lidar com o grupo, não tem foco para bater suas metas e assim por diante.

Não tenha dúvida de que se ela pesquisar no Google a seguinte questão "Como crescer profissionalmente não seguindo as regras", haverá uma resposta para essa pergunta. Mas o que as pessoas precisam entender é que o "como" que as pessoas tanto procuram, é a disciplina e o comprometimento que vêm antes, ele deve ser atendido como um estilo de vida, por que pensamos demais: o que deveríamos fazer? E se fôssemos disciplinados com nossas metas e sonhos? Aonde poderíamos chegar?

Se você potencializar suas crenças de identidade, capacidade e merecimento, você chegará na disciplina que fará o seu propósito acontecer.

Diante disso, é necessário entender que somente você conseguirá realizar todos os seus objetivos tomando posse da sua história de vida, primeiramente entendendo quem você é, quais os seus sonhos, quais os seus objetivos. Quem eu sou, o que eu gosto de fazer, quais são minhas qualidades, quais são os meus defeitos, aonde eu quero chegar?

Depois de entender isso, você precisa traçar um plano de ação, mas lembre-se: se você plantar diariamente os seus sonhos, ao final do percurso você chegará mais rápido e congruente aos seus objetivos. É necessário entender que falando de crescimento profissional, o seu comprometimento é essencial para que você chegue ao patamar que tanto almeja chegar.

O comprometimento se dá com o envolvimento, pensando dessa maneira você irá se envolver com todos os propósitos da empresa na qual você deseja crescer, tendo como meta e objetivo o crescimento global, porque é através do seu trabalho e do seu grupo que vocês juntos chegarão ao objetivo proposto pela empresa, automaticamente, logo poderá ser o líder deste grupo e em consequência irá se destacar no quadro de funcionários.

A grande importância de tudo isso é fazer com que você se envolva. Entenda, se você quer crescer no ambiente de trabalho, você precisa tomar as rédeas do negócio, você precisa pensar 100% como gestor do negócio, "tenha a cabeça de dono". É necessário prestar atenção nos detalhes, pois eles serão decisivos e norteadores.

Se comprometimento é um sinônimo de compromisso, agindo com esses diferenciais você se destacará dos seus colegas e uma inspiração dentro do seu mercado de trabalho. Chegará ao ponto em que você precisará fazer uma escolha e não mais será a escolha da empresa. Irá decidir se onde está é suficiente e se está sendo valorizado pelo seu empenho, dedicação e pelos resultados que você tem feito a empresa obter. Caso não seja satisfatório, estará em suas mãos a decisão de mudança. É importante entender, analisar e saber encerrar ciclos, assim como criar novos ciclos, com novas oportunidades.

Penso que o comprometimento e a inteligência emocional devem andar lado a lado, porque sem ela, em um mercado competitivo, será difícil você conseguir lidar com as adversidades com clareza, mas com a inteligência emocional, você fará com que a sua posição e direcionamento fiquem sensatos.

Gerônimo Theml, em seu canal do Youtube, traz um vídeo sobre atitudes para acelerar a sua promoção no trabalho. Lá ele fala sobre a diferença entre habilidades comportamentais e habilidades técnicas, aquilo que é apreendido e aquilo que é possível ser modificado. Hoje, o mercado de trabalho procura muito mais pessoas com habilidades comportamentais do que com habilidades técnicas, porque habilidades técnicas eu consigo ensinar, habilidades comportamentais você consegue modificar, porém com muito mais lentidão e é necessário que o outro tenha vontade de mudança.

Ele cita 6 habilidades para que você chegue aos seus objetivos, é necessário que você exercite.

1 - Seja feliz e exercite a gratidão;

2 - Foque na solução e não no problema;

3 - Tenha responsabilidade, se disse que vai fazer, faça no prazo estabelecido;

4 - Tenha resiliência, a capacidade de se recompor rápido das situações adversas;

5 - Evolução pessoal permanente;

6 - Pense como empreendedor, faça sua meta pessoal.

Praticando essas habilidades, ele conclui dizendo que "isso irá refletir nos seus ganhos, na sua promoção, será inclusive o seu ***case*** de sucesso, em que o dono irá olhar para você e vai ver que você tem comprometimento e quer fazer a empresa crescer e prosperar".

Mais importante do que qualquer exemplo ou citação, é entender dentro de você o que você quer e aonde você deseja chegar. Há um ditado que diz que "se você não sabe aonde quer chegar, qualquer caminho serve". Penso que na nossa vida profissional e pessoal é bem assim que acontece, você precisa ter bem definido aonde você quer chegar. Claro que pelo meio do caminho irão acontecer diversas situações para fazer você parar, mas o que determinará realmente se irá acontecer ou não, é a sua força de vontade.

Após ler esse capítulo, pegue uma folha de papel e uma caneta e escreva os seus pontos fortes e os pontos fracos do seu estado atual, onde você está versus aonde quer chegar. O principal é ter clareza, entenda que isso deve ser muito bem definido, para que você consiga avançar.

Não se esqueça que visualização sem ação nada irá acontecer, para que você cresça e aconteça na sua vida pessoal e profissional, é preciso a união do comprometimento com o envolvimento.

"

O comprometimento se dá com o envolvimento.

Carina Previato

CLAUDIA DA MATA

Educadora, graduada em Pedagogia, pós-graduada em Supervisão e Orientação Escolar e Processos Educacionais, MBA e mestra em Gestão de Pessoas. Servidora pública concursada.

Atuo há 36 anos na rede municipal de ensino de Nova Lima, Minas Gerais. Atuei como professora, supervisora escolar, diretora escolar, diretora de departamento de ensino, coordenei o setor de RH da Secretaria de Educação do município e atualmente estou no cargo de subsecretária de apoio operacional da rede municipal de ensino.

Ampla experiência no desenvolvimento de equipes de trabalho: professores, diretores e outros.

Palestrante. Autora do livro "Estação 50 Parada Obrigatória".

caminhos.damata
damataclaudia@gmail.com
(31) 99173-0367

4 ÉTICA NO TRABALHO: REFLEXÕES E POSSIBILIDADES

Por Claudia da Mata

Somos cidadãos do século passado, onde as transformações eram mais vagarosas e, de certo, modo previsíveis e o nosso cotidiano era bem mais tranquilo. Era mais ou menos assim: crescer, estudar, trabalhar em uma empresa de grande porte e daí a pouco aposentar.

Mas, de repente, chegamos ao século XXI.

Século marcado pela maior revolução tecnológica de todos os tempos: celulares de última geração, inteligência artificial, impressora 3D, internet, robótica, ***bitcoins***, turismo nas alturas, aplicativos, ***softwares***, metaverso e muitos outros. Comunicação em tempo real, seja pelos telejornais, vídeos no Instagram, Facebook, Youtube e inúmeras fotos nos ***feeds*** das redes sociais. Podemos acompanhar em tempo real, através do Twitter, onde estão nossos ídolos e o que estão fazendo.

Vivemos em um Big Brother a céu aberto; seja pelas ruas da cidade, festas, trabalho, comunidades religiosas. Basta um clique e já estamos nas redes sociais. Século das ilusões, onde postamos sorrisos no rosto, mas o coração repleto de melancolia.

Zygmund Baumam, sociólogo e filósofo polonês (1925-2017), em seus estudos cita as "redes sociais como uma armadilha, o velho limite sagrado entre o horário de trabalho e o tempo pessoal desapareceu. Sociedade líquida, instável, acelerada, desumanizada, perdemos a arte das relações sociais e da amizade".

Nossas relações, muitas vezes, são marcadas pela ausência de um comportamento ético. Valores como solidariedade, respeito, compaixão, são muitas vezes esquecidos. O provérbio ***"Em tempos de murici, cada um cuida de si"*** é bem oportuno para os dias atuais.

Há cerca de 828 milhões de famintos no planeta. Mais de 7 milhões de pessoas morrem anualmente devido ao câncer, conforme dados da Organização mundial da saúde (OMS). Aproximadamente, 244 milhões ainda estão fora da escola no mundo, segundo dados da UNESCO e sem mencionar outros dados como acesso à saúde pública, moradia, desempregados em todo planeta.

Sim. Temos muito que evoluir! De que adianta tanta tecnologia se ainda agimos como os homens primitivos?

Diante de todo cenário apresentado, faremos uma breve reflexão - refletir nossas ações - nos espaços de trabalho (empresas), espaços esses de produção e relações interpessoais.

Todos as citações apresentadas na introdução deste capítulo estão presentes nos espaços das nossas empresas:

-A presença constante de novas tecnologias;

-A busca do lucro excessivo;

-Pessoas adoecidas;

-Salários baixos, o que dificulta o acesso a uma melhor qualidade de vida;

-Conflitos interpessoais;

-Comportamentos inadequados.

Mas há algo que alicerça todas as nossas relações: O comportamento ético.

O que é ética?

O que é um profissional ético?

Há séculos se discute a ética e suas implicações nos espaços de convivência e sua prática por nós seres humanos. Aristóteles e Platão dedicaram seus estudos na busca do conceito e entendimento da ética. A palavra ética deriva do grego ***éthos*** , que significa "o caráter do indivíduo que é norteado por valores sociais".

As empresas seguem padrões éticos sociais, organizando regras internas para assim garantir o alcance das metas e objetivos traçados e a boa ordem nos espaços de trabalho. Um profissional ético é aquele que realiza suas tarefas demonstrando competência naquilo que faz e segue os princípios que norteiam os valores e as regras da empresa na qual atua. Melhor mesmo é quando ele descobre sua missão e dá sentido às tarefas que realiza.

Entre o ideal e o real, muitas vezes, há um abismo. Falamos, mas não praticamos. Exigimos do outro aquilo que, muitas vezes, não damos conta de cumprir. Assim, vamos trabalhando e sonhando com a empresa prazerosa e justa. Líderes e liderados desfrutam os mesmos espaços, porém, as tarefas diárias fazem com que sejam diferentes. A uns cabe a tarefa de liderar e garantir o bom desempenho das equipes e a outros executar o que lhes é devido.

Observamos líderes abusivos que não escutam seus liderados, praticam injustiça, amedrontam, usam do poder para garantir a obediência e gerar resultados. Muitos não desfrutam das habilidades necessárias para liderar equipes e nem sabem que ações realizar para melhoria do clima organizacional da instituição.

No coletivo, a falta de ética é percebida em pequenas situações como:

- Discriminar colegas;

- Não trabalhar todas as horas devidas;

-Uso constante do celular no horário de trabalho;

-Fofocas;

-Vocabulário inadequado;

-O desuso de saudações diárias como: "Bom dia", "Por favor", "Obrigada";

-Indelicadezas;

-Irresponsabilidade;

-Falar mal do colega para conseguir recompensas;

-Apropriar-se do trabalho realizado pelo colega e dizer que o fez;

-Levar para casa objetos que pertencem à empresa;

-Sujar os espaços jogando lixo no chão;

-Compartilhar informações que são confidenciais da empresa;

-Falar mal dos chefes.

Agora é sua vez... Complete os espaços abaixo com 5 situações vivenciadas por você que demonstrem falta de ética nas relações de trabalho. Pare. Reflita. Faça a sua autoanálise.

1) ____

2) ____

3) ____

4) ____

5) ____

O princípio da autorresponsabilidade nos conduz ao entendimento que cada um de nós é responsável por nossas ações: Acusamos, falamos mal, criticamos, apontamos erros. Será que somos um exemplo de profissional ético? Somos referência de "fino trato"?

Toda transformação (transformar - ação) começa em cada um de nós. Necessitamos de paradas obrigatórias para promover a nossa mudança interna e aplicá-la, visando o bem comum.

É possível reverter o quadro atual? Construir espaços de trabalho embasados em boas práticas, gerando assim comportamentos fraternos, respeitosos e saudáveis? Quais caminhos percorrer? Por onde iniciar? É possível sim. Cada um de nós tem muito a contribuir, bsta querer e partir para ação.

A prática da ética é um exercício diário.

Acredito que o primeiro exercício deve começar por cada um de nós, buscando cada vez mais o autoconhecimento. Descobrir quem realmente somos: nossas fraquezas, fortalezas e uma análise verdadeira das nossas práticas diárias. Temos em nós luz e sombras. As sombras revelam nossas dificuldades humanas e são elas que complicam nossas relações em família e no trabalho.

Conhecer nossos valores, valores esses que norteiam todo nosso comportamento diário, tais como: respeito, responsabilidade, cooperação, lealdade, justiça, empatia, cooperação e muitos outros. Pare. Reflita. Mais uma vez, faça a sua autoanálise. Liste no mínimo 5 valores que norteiam seu bem viver:

1) ____________________
2) ____________________
3) ____________________
4) ____________________
5) ____________________

Muitas vezes, chegamos ao local de trabalho mal-humorados e nem se quer damos um "bom dia" aos nossos colegas. Que tal acordar - dar cor - ao dia? Olhar no espelho, se automotivar, dizer: "Sou capaz, sou abençoado, único responsável pela minha felicidade. O que posso fazer para vencer - vem SER - hoje?"

Começar do simples, é possível uma grande transformação interior que contribuirá para melhoria dos espaços do local de trabalho e em outras comunidades. Chegar ao trabalho cumprimentando nossos pares com um verdadeiro BOM DIA! Colocar em prática as outras palavrinhas mágicas que aprendemos com nossos pais e na escola: Por favor, obrigada, me desculpe, até mais. Abraçar e dar o seu melhor no desenvolvimento das tarefas diárias. Manter os espaços organizados, usar um vocabulário polido e amigável e ainda:

Exercitar a tolerância, transparência nas ações, ser honesto (a). As pessoas nos observam e é o exemplo que convence. Aceitar o outro como ele é.

- Prestar atenção no clima organizacional, para assim detectar práticas inadequadas, que comprometem as relações. Observou e não gostou do comportamento? Use do princípio da transparência. Converse com seu companheiro (a), seja amável e respeitoso(a). Muitas vezes, estamos errando e nem temos consciência dos nossos atos.

Quando exercitamos a humildade e escutamos o outro, certamente promovemos nosso crescimento. Vale afirmar que de nada adianta escutar e não buscar caminhos que promovam nossa mudança e ainda:

- Evitar fofocas;

- Respeitar a hierarquia;

- Obedece e colocar em prática os regulamentos;

- Reconhecer e valorizar as habilidades dos pares;

- Assumir os erros;

Entre outros.

As empresas também têm a tarefa fundamental de incentivar seus colaboradores à prática da ética no trabalho. Capacitando, primeiramente, toda a liderança para que os mesmos possam ser multiplicadores.

- Tratar todos os colaboradores com respeito e cordialidade;

- Assegurar todos os direitos trabalhistas dos colaboradores;

- Criar quadros informativos com as políticas internas da empresa;

- Elaborar cartilha educativa promovendo estudo da mesma;

- Garantir que os regulamentos sejam iguais para todos, independente da função;

- Promover rodas de conversa para que todos possam fazer autocrítica e análise do contexto da empresa;

- Valorizar bons comportamentos, brindando com souvenir;

- Promover momentos de capacitação com a presença de profissionais entendidos do assunto;

- Propiciar um ambiente saudável e organizado para todos os colaboradores;

- Criar canais de escuta para que todos possam denunciar comportamentos inadequados;

Enfim, líderes e liderados juntos, de mãos dadas transformando nossas empresas um sonho possível.

Quanto a mim, sigo avaliando as minhas ações e humildemente percebo que tenho muito que aprender.

Parar. Avaliar. Ressignificar. Prosseguir. Desistir nunca. Sigamos juntos (as)!

"

Parar, refletir, ressignificar, prosseguir. Desistir nunca!

Claudia da Mata

Cristiano Rezendes

Consultor financeiro, mentor e palestrante no ramo de desenvolvimento pessoal, alta performance, *softskills* e investimentos. Dedicou-se principalmente aos estudos sobre autoconhecimento, gestão de tempo e inteligência financeira.

São 15 anos de experiência capacitando gestores e equipes, à frente de empresas de diversos segmentos como cosméticos, turismo, tecnologia e educação financeira. Já impactou mais de 10.000 pessoas as impulsionando para alcançarem sucesso profissional e pessoal.

Cristiano Rezendes
cristiano.rezendes

15 RESILIÊNCIA

Por Cristiano Rezendes

O dicionário define resiliência como: substantivo feminino; física: propriedade que alguns corpos apresentam de retornar à forma original após terem sido submetidos a uma deformação elástica.

Nós nos apropriamos dessa palavra e do seu significado e então demos a ela uma nova forma e sentido, passamos a usá-la para definir as pessoas como sendo resilientes, ou seja, em nossos termos, resilientes são aquelas pessoas que possuem a capacidade de passar por situações adversas e adaptarem-se às mesmas. Diferente da definição do dicionário, não esperamos que uma pessoa resiliente volte à sua forma original, mas sim, adapta-se, mude e consiga passar pela deformidade.

Trouxe aqui essas definições pois em boa parte da minha vida não sabia o que era ser resiliente e nem que teria que sê-lo para poder conquistar meus sonhos e objetivos.

Comecei no mercado tradicional de trabalho aos 15 anos de idade, onde exerci a profissão de talonador e, posteriormente, a função de operador de guilhotina no ramo gráfico, durante 10 anos. Eu verdadeiramente amava meu trabalho, nesse tempo sempre busquei me desenvolver e dar o meu melhor, todos os dias, além do horário, além do combinado. Porém, em um dado momento, percebi que o que mais me desestimulava era o fato de eu tanto me doar e no final do mês o empregador me dizia, em números muito pequenos, o quanto todo aquele trabalho valia; e aquele valor era muito pouco para o tamanho dos meus sonhos, de tal forma que só me restavam duas escolhas: mudar ou diminuir os meus sonhos, para que coubessem naquela realidade.

A gráfica que um dia fora lugar de crescimento e ambições para mim, já não comportava meu desejo de ir mais longe. Me sentia incomodado, não sabia bem o que estava buscando, mas sabia o que não queria mais: o sentimento de estar aprisionado em uma gaiola. Nos meus últimos 2 anos como talonador, comecei a empreender nas horas vagas e fui apresentado à outras pessoas, outros lugares, experiências que me permitiram visualizar o que eu realmente desejava para minha vida. Desistir de um salário fixo, das férias remuneradas e da sensação de segurança foram as primeiras dificuldades que encontrei nesse novo caminho que decidi trilhar; se por um lado a ideia de não ter horários fixos brilhava os olhos, a incerteza dos resultados e as contas que não param de chegar esmaeciam os sonhos.

Amigos próximos, conhecidos e família não apoiaram a minha mudança, me diziam que era muito arriscado, que apenas pessoas em condições financeiras melhores conseguiam ter um resultado expressivo. Eu nunca havia experimentado tamanha rejeição e isso me causou falta de autoconfiança e ansiedade, parei de frequentar alguns lugares por conta dessas atitudes, passei a deixar que as pessoas me avaliassem pelo o que eu tinha e não pelo o que eu acreditava, pensei em desistir centenas de vezes.

Foram dias e noites pensando em estratégias, estudos e dedicação e o resultado financeiro era muito aquém do que eu necessitava. Eu estava investindo em conhecimento, mas mesmo assim, os resultados constantes não chegavam, por alguns momentos me questionei se o sucesso realmente era para todos. Em meio a esses estudos, descobri o que seria minha grande virada, o autoconhecimento. Aprendendo a me conhecer, pude então entender sobre o grande poder da resiliência, foi nesse momento em que aprendi que o meu sucesso viria da minha capacidade de sobreviver às dificuldades e me adaptar, me renovar e me reinventar.

Eu acredito que para desenvolver a capacidade de ser resiliente, primeiro precisamos entender uma premissa básica, a regra dos 90/10, você conhece essa regra?

Essa regra escrita por Stephen R. Covey nos diz que apenas 10% do que nos acontece está fora de nosso controle, os outros 90% dizem respeito a como nós reagimos aquilo que nos aconteceu. Nesse ponto de vista, passamos a entender que não temos controle sobre as adversidades e mesmo estando bem-preparados, algumas vezes na vida elas acontecerão, mas podemos treinar nossa mente para como iremos reagir; se escolhermos agir de forma positiva, estaremos automaticamente aprendendo a ser resilientes.

Foi como aconteceu comigo no meu primeiro empreendimento em marketing de relacionamento; foram 7 anos e meio trabalhando sem ter nenhum resultado financeiro, eu poderia ter escolhido olhar para isso como um fracasso e querer apagar da minha história, mas como sou eu quem decide os 90%, escolhi olhar como forma de aprendizado. Não mensurei meu sucesso ou fracasso apenas pelo valor financeiro, o qual não obtive naqueles primeiros anos, mas decidi olhar para todo o conhecimento que adquiri, para todas as pessoas que conheci e me fizeram elevar o nível das minhas conversas, interesses, roupas, viagens, estilo de vida; todos os cursos, livros e palestras que assisti, e com base nessa equação, apesar da dificuldade de não ver o tão sonhado retorno financeiro, ainda sim, fui resiliente por estar olhando positivamente para todos os outros valores que ganhei.

Com base em minhas vivências, desenvolvi meu próprio método para tornar o caminho da resiliência menos íngreme, eu chamo de método AME:

Âncoras - músicas, fotos, vídeos;

Meio - pessoas que com quem você convive,

Experiências.

Âncoras - É tudo aquilo que te remete a uma emoção, uma lembrança. Por exemplo: quando você escuta a música do filme Rocky, o que você sente? Qual emoção está presente? Você sente que pode fazer mais? Sente mais energia? Poder? O que acontece se você está desanimado e vê a imagem da pessoa que você mais ama? Você pensa que é por ela que você luta todos os dias? Que é por ela que não pode desistir? Um cheiro bom não te faz ir mentalmente para outro lugar? Talvez algum em que você desejaria estar nesse momento? É assim que as âncoras funcionam, elas mudam nossas emoções e devemos usá-las para nos manter motivados nos dias em que as coisas não estiverem fáceis.

Meio - São as pessoas com as quais você mais convive. Nesse momento, imagino que você já tenha ouvido falar sobre a máxima: você é a média das 5 pessoas que você mais convive. Por isso, é necessário estar atento ao círculo de maior convívio; por exemplo, vamos supor que tenhas 2 grupos de amigos, no grupo 1, essas pessoas acreditam no que você acredita. Elas te motivam a ser melhor como ser humano e profissional, te incentivam a melhorar suas habilidades. Já no grupo 2, você está cercado de pessoas que apenas te criticam, pessimistas, que não acreditam em mudanças. Concorda que é mais fácil nos mantermos motivados e passando pelos problemas se as pessoas que temos ao nosso lado são como as do primeiro grupo? Isso não quer dizer que você não deva conviver com pessoas que tenham ideias diferentes das suas, você pode e, inclusive, precisa expandir seus horizontes com essas trocas, mas o meio com qual você MAIS convive deverá ser aquele que te impulsiona a perseguir seus sonhos.

Experiências - é tudo aquilo que nos faz sentir vivos. O que é isso para você? Uma viagem? Uma praia paradisíaca? O conforto de um carro novo?

Uma comida que estimula o paladar? Quando vivemos essas experiências, nós potencializamos o nosso sonho.

Suponha que o seu sonho seja uma Mercedes, preta, conversível e você está buscando alcançar esse sonho. No meio do caminho, você percebe que é árdua sua jornada e que qualquer outro carro de menor valor também pode te levar aos lugares que você deseja; nesse momento, desistir parece muito tentador, mas você escolhe olhar para aquela foto da Mercedes que você guardou, coloca a música que te remete à liberdade que você sentiria dirigindo o carro, chama seu amigo que também está buscando realizar os sonhos para conversar e ouvir palavras de encorajamento e por último, vai até à concessionária para fazer o ***test drive*** em uma mercerdes para sentir verdadeiramente como seria dirigir esse carro. Após tudo isso, você estará mais resiliente para continuar na sua busca do sonho ou desistirá?

Gostaria de encerrar esse capítulo com uma pequena reflexão. O método AME foi criado com o objetivo de tornar o percurso mais leve, para ajudar no processo, afinal de contas, no caminho sempre existirão desafios e problemas, mas é preciso estar presente, focar no seu objetivo, ser adaptável, recalcular sua rota, mas sem esquecer de aproveitar a jornada. É preciso entender que cada passo, mesmo os mais desafiadores, traz consigo lições importantes, contanto que estejamos dispostos a realmente olhar para o que nos acontece com compaixão e sabedoria, mesmo os piores percalços terão feito tudo valer a pena.

No caminho para conquistar a resiliência, adaptar-se é preciso, por isso AME o processo e programe-se para vencer.

Muitos de nós passamos e passaremos por períodos de dificuldades, faz parte da natureza humana encarar esses momentos, mas como já descobrimos na regra dos 90/10, nós podemos escolher passar por eles de forma mais positiva. Reflita sobre o método AME e use o exercício a seguir para anotar seus sonhos, suas âncoras - sejam elas músicas, pessoas, lugares ou cheiros, seu meio de maior convívio e suas experiências, especifique o máximo possível:

Sonho: ______________________________

____

Âncoras: ______________________________

____

Meio: ______________________________

____

Experiência: ______________________________

____

Com o passar dos anos, eu aprendi a respeitar os recordes, acho incrível ver uma corrida em que o atleta percorre uma certa distância em pouquíssimos segundos, mas aprendi ainda mais a amar os persistentes, aqueles que apenas a mais real resiliência permite. Passar por longos períodos de adversidades sem esmorecer, sem desistir, aprendi a amar a força daqueles cuja resiliência é o combustível para ver os seus projetos finalmente darem certo após 10 anos de espera, o cargo de destaque após 5 anos, a casa própria após os 50 anos de idade, aprendi mesmo a respeitar os recordes e mais que isso, a amar quem vence suas próprias maratonas.

"

No caminho para conquistar a resiliência, adaptar-se é preciso, por isso AME o processo e programe-se para vencer.

Cristiano Rezendes

Deia Barbieri

Sou Deia Barbieri, filha amada de Deus, esposa de Jefferson e mãe de Amanda e Jhulia.

Master coach e analista de perfil comportamental formada pela FEBRACIS. Bacharel em Ciências Contábeis, já fui empregada e empresária, presenciei tanto as dores dos trabalhadores como dos líderes e empresários, facilitando minha comunicação e desenvolvimento de ambos, elevando-os para outro nível e alcançando resultados extraordinários.

Minha especialização em *Coaching* de Carreira tem ajudado jovens a terem assertividade na escolha de sua profissão e profissionais, líderes e empresários a alcançarem melhores resultados individuais e com sua equipe.

deiabarbierioficial
(47) 99644-1339

6 Autoconfiança

Por Deia Barbieri

Já passei pelo deserto e considero que até permaneci por algum tempo, simplesmente porque não encontrava dentro de mim a autoconfiança. Não confiava em minhas habilidades, pensava sempre que os outros eram melhores, o que os outros falavam ou o jeito que faziam era o correto, me desprezando e duvidando da minha capacidade e sabedoria.

Mesmo tendo certeza do meu trabalho, a falta de confiança em mim e a minha insegurança me impediam de seguir adiante, eu precisava ver o trabalho "do outro" ou "do concorrente" para verificar se o meu estava à altura ou melhor e assim, validar o meu serviço. A cobrança comigo era tão elevada, que parecia nunca estar perfeito para que eu pudesse fazer a entrega daquele trabalho e dessa forma, o meu perfeccionismo fixava em mim cada dia mais a falta de autoconfiança. Era nesse momento que eu travava e o medo de falhar tomava conta de mim, como se tivesse sido implantado um "chip" dentro de mim e que eu nunca conseguiria destravar e acreditar no meu potencial.

A falta de autoconfiança me travou por muito tempo, oportunidades profissionais que batiam em minha porta e eu, por medo, não me permitia abri-la; ficava esperando a próxima oportunidade, pensando que estaria mais preparada, mas, novamente, quando outra oportunidade chegava, automaticamente o mesmo pensamento e a mesma crença vinham também. Isso mesmo, esse pensamento já tinha virado uma crença que me limitava e me impedia de algo maior.

"Crença é toda programação mental adquirida como aprendizado durante toda a vida e que determina os comportamentos, atitudes, resultados, conquistas e qualidade de vida." Paulo Vieira

Mas o que fazer para mudar esse pensamento?

Em determinado momento, eu entendi que não existe uma fórmula mágica para autoconfiança, existe trabalho diário e constante para que possamos superar a insegurança que construímos dentro de nós.

"Primeiramente, precisamos identificar a crença negativa. A maioria de nós não tem a mínima ideia em que acreditamos. Uma vez que reconhecemos a crença negativa, podemos decidir se queremos que essa crença continue a criar nossas circunstâncias." Louise L. Hay

Quando me deparei com essa frase da Louise L. Hay, entendi que o primeiro passo a fazer era me autoconhecer, eu não me conhecia por completo e o quanto eu precisava, então foi quando eu conheci o Perfil Comportamental que me levou ao autoconhecimento, e posteriormente a autoconfiança. O processo de autoconhecimento apresenta clareza e assertividade, à medida que você identifica passos que podem realmente ter afinidade com suas buscas interiores.

Quando realizei o mapeamento do Perfil Comportamental, me aprofundei totalmente no autoconhecimento, e desde então tive clareza das minhas características, da minha essência, das fraquezas que estavam em mim e não as conhecia, das habilidades que eu possuía e não as utilizava e esse autoconhecimento me trouxe significativas realizações em minha vida.

AUTOCONFIANÇA É UM TERMO SIMPLES QUE SIGNIFICA:

CONFIANÇA EM SI MESMO E NAS PRÓPRIAS

HABILIDADES, QUALIDADES E JULGAMENTOS.

É quando você possui a convicção de ser capaz de fazer ou realizar alguma coisa, de ter a capacidade de refletir e analisar seus atos.

AUTOCONFIANÇA

É CONFIAR EM SI MESMO

E EM SUAS HABILIDADES.

ACREDITE EM VOCÊ E REALIZARÁ

O EXTRAORDINÁRIO EM SUA VIDA!

Pessoas autoconfiantes são decididas, apresentam-se de maneira segura, têm facilidade de enfrentar desafios, dominar novos trabalhos e tomar decisões sensatas mesmo sob pressão.

Quando você identifica as suas habilidades, mapeando as que já estão desenvolvidas e as que ainda precisa desenvolver, uma nova porta se abre, porque é nesse momento que você tem clareza para focar com a intensidade certa em cada habilidade, para que possa traçar suas metas e alcançar os seus objetivos. Principalmente, depois de identificar as minhas fraquezas, entrei de cabeça em um "processo de Coaching Integral Sistêmico" e esse processo me levou do nível "A" para o nível "B", eliminando tudo o que me impedia de conquistar os meus objetivos, inclusive a falta de autoconfiança e a insegurança, alinhando as minhas razões e emoções.

Durante a vida, participamos de eventos sendo os "protagonistas" ou "convidados", mas independente do personagem, alguns eventos ficam registrados em nossas memórias de forma marcante.

No processo do Coaching Integral Sistêmico vivenciei algumas ferramentas que também se destacaram memoravelmente; e uma das primeiras foi a "Pirâmide do Indivíduo". Essa ferramenta identifica as crenças limitantes em pilares específicos e traz conceitos importantes:

Drive de valor é o que você **é**, o que você **tem** e o que você **faz.** O drive de valor de alguém é o que rege a vida dele.

Nessa ferramenta, especifiquei todos os meus drives de valores, mas me surpreendi e foi difícil acreditar quando identifiquei que a minha pirâmide estava invertida, e essa era a causa-raiz da minha insegurança e falta de confiança.

Depois de identificar a causa-raiz, o próximo passo foi conhecer e vivenciar ferramentas em que adquiri novas crenças, competências emocionais, comportamentos e atitudes necessárias para a realização dos meus objetivos. Ferramentas que me transformaram dia após dia, aumentaram a minha autoconfiança e fortaleceram a minha identidade.

O processo do Coaching Integral Sistêmico é transformador, me transformou e transformou a minha vida de um modo geral. Hoje, eu sei quem realmente sou, a minha real identidade e convido você a vir comigo, conhecer esse processo e viver essa jornada.

APRENDER A DESENVOLVER A INTELIGÊNCIA EMOCIONAL

É UM APRENDIZADO FUNDAMENTAL PARA A VIDA.

Quando falo em alinhamento de razões e emoções, estou me referindo à inteligência emocional, que a falta dela tem atingido de forma negativa muitos profissionais que - apesar de serem excelentes em suas habilidades intelectuais, técnicas e cognitivas - não conseguem controlar suas emoções, fracassando por falta de liderança, relacionamentos, segurança, empatia, autocontrole, superação, ousadia, otimismo, entre outros.

CADA UM DE NÓS É ÚNICO, COM NOSSAS HISTÓRIAS DE VIDA E NOSSAS EXPERIÊNCIAS, NAS QUAIS DEVEMOS EVITAR COMPARAÇÕES COM O NOSSO PRÓXIMO.

Conquistamos a autoconfiança diariamente, adquirindo mais autoconhecimento para termos certeza e excelência no que falamos e fazemos, cuidando da nossa autoimagem, tendo uma alimentação saudável e praticando exercícios, para que ela seja sempre positiva e também nos ajudando a gerar segurança interna.

A meditação é uma ferramenta poderosa, medite e olhe para o seu "Eu" internamente, sempre que possível. Dedicar-se ao trabalho voluntário, fará com que a sua autoconfiança cresça automaticamente; são momentos que nos tornamos mais gratos por tudo o que temos e tudo o que somos, além disso, faremos a diferença na vida de alguém e, ao mesmo tempo, sem perceber, poderemos ser espelho para alguém.

TODO RESULTADO NA VIDA É A SOMA DO TRABALHO DIÁRIO.

ESSE TRABALHO É REALIZADO MANTENDO ACESA A CHAMA DA FÉ, NUTRINDO O CORAÇÃO COM AMOR, GRATIDÃO E PERDÃO,

ESPALHANDO O OTIMISMO E A ENERGIA POSITIVA, CORAGEM E SABEDORIA PARA ASSERTIVIDADE AOS SEUS PASSOS.

Reconheça as suas conquistas

Muitas vezes, as pessoas com falta de confiança, têm dificuldade até mesmo para reconhecer suas próprias conquistas e pensa que nunca alcança nada. Se isso acontece com você, comece aos poucos, a partir de agora, fazer um exercício de reconhecer os seus ganhos; anote-os cada vez que você alcançar ou conquistar algo, para que você possa cada vez mais se sentir merecedor de todas as boas coisas que acontecem com você. Se você já é autoconfiante e quer elevar ainda mais a sua autoconfiança, sorria mais, porque sorrir faz com que a gente se sinta bem, nos torna menos preocupados com falhas, ou com qualquer coisa que acreditemos que são falhas, eleva o nosso humor e aumenta a autoconfiança.

"Aquele que está sempre sorridente é como o Sol. Quando ele está no lar, todos os familiares se animam. Quando está na escola, toda a classe se ilumina. Quando está na loja, atrai muitos fregueses. Quando está no escritório, causa alegria a todos. Torne-se você o Sol que ilumina o seu lar. Seja o Sol que

ilumina a loja, o escritório ou a fábrica onde você trabalha. Transforme-se em Sol que ilumina o lugar ou a cidade onde você mora."

Masaharu Taniguchi

Depois de me conhecer profundamente e viver todos os dias essa jornada do Coaching Integral Sistêmico, entendi que toda a minha experiência profissional tinha um propósito: conhecer e vivenciar as dores das pessoas, dos profissionais, dos líderes e empresários, para que hoje, com total segurança e autoconfiança, eu ajude o maior número de pessoas a se autoconhecerem, a encontrarem e desenvolverem a autoconfiança; aos jovens, a terem assertividade na escolha de sua profissão, bem como os líderes e empresários a alcançarem melhores resultados com as suas equipe.

A autoconfiança favorece o crescimento da autoestima, você toma decisões com facilidade e assertividade, seu potencial cresce dia após dia, facilitando a tarefa de assumir grandes responsabilidades com elevado desempenho e produtividade.

Você que está em busca da sua evolução e do seu progresso através do autoconhecimento e expansão da consciência, lembre-se: não importa de onde viemos, sempre poderemos modificar totalmente nossas vidas para melhor e é por isso que eu preparei para você uma degustação do perfil comportamental, é só você me pedir no direct do Instagram, dizendo: "Quero o meu presente!". A partir dessa degustação você poderá escolher se autoconhecer profundamente e alcançar resultados extraordinários.

Investir em você, no seu autoconhecimento, é uma das habilidades mais importantes para o desenvolvimento e crescimento em todas as áreas de sua vida.

"

Autoconfiança é confiar em si mesmo e em suas habilidades. Acredite em você e realizará o extraordinário em sua vida!

Deia Barbieri

Denilton Cunha

Sou graduado em Administração de Empresas. Sempre me identifiquei muito com essa profissão e desde o início da minha trajetória atuo no âmbito administrativo, quase sempre em posição de gestão e liderança. Trabalhar com pessoas é uma paixão para mim.

Fiz algumas formações em *coaching* e sou especialista em Carreiras. Minha área de atuação é focada no comportamento humano dentro do ambiente organizacional.

Tenho diversas maneiras de ajudar as pessoas a se realizarem em suas vidas e carreiras, atuando como palestrante, consultor e facilitador de metodologias para ajudar as pessoas a alcançarem a sua melhor versão. Esse é o meu propósito!

Instagram: deniltoncunha
LinkedIn: deniltoncunha

7 MENTALIDADE EMPREENDEDORA

Por Denilton Cunha

Por que é tão importante obter e desenvolver uma mentalidade empreendedora?

Há muito tempo que já se fala do empreendedorismo como uma alternativa para a recuperação econômica das sociedades modernas, principalmente nos países das chamadas "economias emergentes". Porém, é preciso entendermos a amplitude deste termo e o seu enorme alcance na vida de todas as pessoas.

O empreendedorismo é compreendido como um modelo de comportamento. Uma pessoa empreendedora é aquela que, no seu cotidiano, tem uma forma diferenciada de se comportar que é evidenciada por algumas características de comportamento empreendedor. Assim, um empreendedor é aquela pessoa que é ***criativa, inovadora, arrojada e que*** estabelece estratégias que vão delinear o seu futuro, assumindo a autorresponsabilidade em suas ações.

Mas eu não entendia nada disto no início da minha carreira profissional.

Eu cresci entre as décadas de 1980 e 1990. Como a maioria das pessoas da minha geração, desde cedo na escola o pensamento já era de nos prepararmos muito bem para ter uma boa formação e assim conseguir um bom emprego. Esta era a cultura reinante no Brasil naquela época, onde o principal objetivo era estudar e se formar para garantir um emprego. Em especial, na região onde eu morava, pois havia grandes empresas e indústrias em que as pessoas nutriam o sonho de um dia trabalhar em uma destas organizações.

Acontece que a sociedade e o mercado mudaram muito rapidamente. A globalização e a tecnologia criaram novos padrões empresariais, trazendo um novo cenário e o mundo que antes conhecíamos, já não era mais o mesmo. Crises e o surgimento de novos modelos empresariais fizeram com que não houvesse mais ofertas e empregos como antes. O mercado já era outro e encontramos um cenário ainda mais desafiador, com menores ofertas de vagas e muito mais concorrência entre os participantes. Isso tudo aliado à necessidade de um preparo constante, mesmo após a entrada no tão sonhado emprego.

Definitivamente, não estávamos preparados para aquilo. Havíamos aprendido a memorizar informações e dados que agora não garantiam mais o sucesso da vida profissional. Fomos formados em uma mentalidade empregatícia e executora e, de repente, encontramos um mundo que exigia uma mentalidade empreendedora e questionadora. Alguns resistiram e preferiram ficar no pensamento estático. Porém, muitos de nós não nos rendemos às dificuldades e fomos atrás de nosso remodelamento mental, sem o qual não teríamos nenhuma chance naquele novo ambiente social e empresarial. A alternativa era entender e utilizar as capacidades que tínhamos e que, até então, nem mesmo conhecíamos.

Foi preciso estudar conteúdos totalmente novos para nós, principalmente aqueles trazidos junto com as novas tecnologias da informática lançadas e popularizadas pela Microsoft e o inovador sistema operacional Windows, que a esta altura já causava uma revolução nos ambientes empresariais.

Não só tivemos que aprender sobre aquelas inovações, como também aprendemos que todas as pessoas podem desenvolver uma mente empreendedora, principalmente quando elas começam a questionar aquelas coisas e práticas que sempre foram de uma determinada maneira. E por quê? Muitas vezes, simplesmente porque sempre foram assim e, de um modo geral, as pessoas aprenderam a aceitar sem questionar. De repente percebemos que nada seria mais como era antes e que, uma hora ou outra, todas elas iriam mudar.

Atitude empreendedora X Mentalidade empreendedora

Algumas pessoas confundem o fato de praticar atitudes empreendedoras com o ato de ter uma mentalidade empreendedora. É essencial que se faça esta distinção e se chegue a uma exata compreensão dos termos.

Ter atitude empreendedora é agir de forma isolada, quando a situação requer que alguma atitude seja tomada. A pessoa que age assim tende a agir de acordo com o momento e, muitas vezes, age de forma reativa.

Já a mentalidade empreendedora acontece quando a pessoa adota o comportamento empreendedor como um estilo de vida. Suas ações não são isoladas, mas planeja estrategicamente suas próximas ações, no sentido de caminhar para a sua meta. Ela tem como hábito analisar sempre qual a consequência da sua ação e qual risco está correndo ao agir de determinada maneira.

Uma atitude empreendedora pode levar uma pessoa a se tornar um empresário ao aproveitar uma oportunidade ou conseguir algo em determinado momento, mas só uma mentalidade empreendedora pode fazer com que esta pessoa mantenha o sucesso alcançado e faça as inovações necessárias, na busca da evolução constante. E isto se aplica a todas as áreas da vida.

O grande quebra-cabeça da nossa jornada

Gosto muito da metáfora que li no livro chamado ***Produtividade para quem quer tempo***, escrito pelo ***coach*** Gerônimo Theml. Nele, o autor compara a nossa vida a um imenso quebra-cabeça. Segundo ele, é como se, ao viver cada dia de vida, enfiássemos a mão dentro de um saco e tirássemos uma peça de um quebra-cabeça para montar a grande fotografia da nossa vida. Ele afirma que a grande maioria das pessoas não tem clareza de qual fotografia quer montar para si.

Ao utilizar esta metáfora, uso o exemplo de alguém que sonha em ser um grande engenheiro e está estudando para realizar este sonho. De repente, surge a oportunidade de fazer um intercâmbio em um outro país e ele então se pergunta: "Fazer este intercambio é uma peça que ajudará a montar a minha grande fotografia do sonho de ser um grande engenheiro?" A resposta vai dizer qual decisão deve ser tomada para construir a vida que ela deseja para si.

Assim, você pode perceber que cada atitude é uma "peça" na montagem do imenso quebra-cabeça da nossa história. Algumas peças vão encaixar perfeitamente e outras, não. Quanto mais peças encaixadas com perfeição, mais belo e perfeito fica um quebra-cabeça, não acha?

Quais as características de uma pessoa que tem uma mentalidade empreendedora?

- Ela enxerga as possibilidades onde os outros só veem dificuldades;

- Não usa o tradicional lema da "tentativa X erro", mas se utiliza da "tentativa X aprendizado";

- Não faz as coisas diferentes; ela pensa diferente, pois ela acredita que mais importante de que não fazer igual é fazer ainda melhor;

- Ela entende as dores como uma parte do processo de crescimento e não como um motivo para desistir;

- Ela não precisa que outros acreditem nela quando ela mesma já acredita em si o suficiente para seguir além;

- Não tem medo de desistir de algo que é bom quando ela sabe que é capaz de alcançar algo ótimo;

- Ela entende que ajudar e cooperar com as pessoas é uma forma de dividir conhecimento e gerar prosperidade, quando muitos têm medo dividir o que sabem e gerar concorrência.

Desenvolvendo uma mentalidade empreendedora

Eu te afirmo, sem sombra de dúvidas, que nem todos podemos fazer todas as coisas, mas certamente todos podemos fazer mais coisas do que temos feito. E a pergunta que fica é: afinal de contas, por que não temos feito o nosso melhor sempre?

Mesmo as pessoas formadas em um ambiente estático e carente de oportunidades podem desenvolver uma mentalidade empreendedora quando se comprometem em imprimir, no seu cotidiano, algumas atitudes e comportamento que levem a uma mentalidade diferenciada. Para isso, você precisa começar definindo metas a serem atingidas, tanto em âmbito pessoal quando para a área profissional. Todas as pessoas que conseguem criar metas claras para atingir estão começando a abrir o primeiro trecho da sua estrada de sucesso.

Dicas para criar e desenvolver uma mentalidade empreendedora:

- Procure definir o seu propósito de vida. Isso é possível quando se tem a exata clareza de quem você é e do que quer para a sua vida. Assim, isso vai te ajudar a definir quais marcas você quer deixar durante e após a jornada da sua existência;

- Resultados negativos fazem parte do processo de crescimento e evolução. Porém, não aceite estes resultados negativos sem tirar deles algum aprendizado para colocar em práticas nas próximas tentativas que fizer ao longo da vida;

- Tenha muito cuidado com as pessoas com quem você tem conexões na sua vida. Temos a tendência de absorver parte dos modelos das pessoas com quem mais convivemos e, de vez em quando, afastar-se de algumas delas é uma atitude de sabedoria e autopreservação;

- Uma mentalidade empreendedora se mostra em todas as áreas da vida e não só na área de negócios. Quando adotamos esta mentalidade, aprendemos a viver com uma mente expansiva, próspera e abundante alcançando uma melhora real em todas as áreas da vida;

Uma melhora real de vida não significa somente prosperidade financeira. Ela proporciona equilíbrio entre as mais diversas esferas da nossa existência. Este equilíbrio ajuda a estabelecer equidade entre os resultados nestas áreas e passa a ser um indicador de um sucesso sustentável e que, verdadeiramente, traga realização e paz ao ser humano.

A mentalidade empreendedora é acessível a todos

Sempre afirmo que todo indivíduo pode dar um passo para evoluir em alguma área da sua vida. Nem que seja um pequeno passo, mas sempre pode dar. Mesmo quando estamos em situação em que parece que não há mais alternativas, sempre podemos olhar ao redor e perceber uma atitude positiva a ser tomada.

É o que eu desejo para você, ao ler este capítulo. Que se sinta impelido a dar um passo, nem que seja um pequeno movimento, mas que tenha dentro de si um real desejo de dar um impulso a uma melhoria na sua vida, mesmo que pequena, não importa, pois afinal, um passo pode não te levar aonde você quer chegar, mas já te tira de onde você está.

Sempre se questione sobre como você pode se desafiar e evoluir neste dia em que está vivendo. Ao viver cada dia, viva com uma mentalidade empreendedora e próspera, sempre praticando alguma atitude que vai te levar para mais próximo do alvo de sucesso que você traçou. E não esqueça de avaliar como estas atitudes vão se encaixar no quebra-cabeça da grande fotografia de sucesso que você pretende montar durante a sua existência!

"

Eu te afirmo, sem sombra de dúvidas, que nem todos podemos fazer todas as coisas, mas certamente todos podemos fazer mais coisas do que temos feito.

DENILTON CUNHA

Eduardo Bravo

Me chamo Eduardo Raudys dos Santos Montané Bravo, sou economista formado há 12 anos. *Coach* Integral Sistêmico, analista de perfil comportamental e *coach* de carreira com foco na alta performance, palestrante e treinador, com propósito de ajudar líderes a desenvolverem sua inteligência emocional e construção de equipes de alta performance.

eduardobravo.coach
(+244) 92292-0031

18 TRABALHO EM EQUIPE

Por Eduardo Bravo

Enquanto seres relacionais, todos estamos sempre procurando fazer parte de algum grupo que nos transmita sentimentos de pertencimento e confiança. Estes são fatores que influenciam em nossa vontade de contribuir com o nosso saber, sendo que, particularmente, o grande desafio enquanto líder foi conseguir criar a cooperação entre as pessoas que compunham o ***team***.

Acredito, sinceramente, que instigar a cooperação é o caminho mais acertado para a construção de uma equipe de sucesso, portanto, partilho agora alguns dos principais conceitos que para mim foram a virada de chave para começar a tornar as pessoas mais abertas à cooperação.

Comece pelo conhecimento do seu *team*

É de suma importância que você dedique tempo conhecendo os membros, não me refiro a ser "amiguinho" de todo mundo ou ser inconveniente, querendo saber de toda a vida do seu pessoal.

Acredito que quando dedicamos tempo conhecendo as pessoas que estão ao nosso redor, suas aspirações, sonhos, metas pessoais e profissionais, podemos extrair delas o melhor, fomentando o autoconhecimento e desempenho do colaborador. Porém, é extremamente indispensável que seja demonstrado o interesse genuíno, senão o efeito é completamente o contrário.

Construa confiança entre os membros do *team*

A confiança é a crença que o profissional tem de que a sua equipe é um lugar seguro e que os seus integrantes estão presentes quando e sempre que precisarem. Em equipes que é sentida essa segurança, os profissionais tendem a ser mais amistosos e colaborativos, estando mais abertos e propensos a contribuírem da melhor forma para com o ***team*** e a organização.

Algumas dicas de como podemos construir confiança:

a. Mostre-se vulnerável

Foi-se o tempo em que os "super-heróis" eram os centros de atenção dentro da organização, aqueles que fazem várias atividades em simultâneo, que não demonstram fraquezas e os conhecimentos, como sendo os "sabe-tudo" em algumas equipes.

No livro ***A Coragem de Ser Imperfeito,*** a autora Bréne Brown diz que ser corajoso é mostra-se vulnerável e demonstrar quem efetivamente você é. Claro que não é tarefa fácil, mas, particularmente, eu concordo com esta afirmação e tem sido um desafio constante. Eu próprio, na minha trajetória profissional, vi isso; sempre que cheguei aos meus colegas e disse que não sabia como realizar determinada tarefa ou como atingiria determinada meta, conseguia que estes fossem mais cooperadores, mais dispostos a ajudar. Portanto, construa a política de tolerância ao erro, tentando sempre mostrar o que pode ser apreendido, porque erros são, na verdade, resultados que certamente vão em algum momento contribuir para a maximização dos resultados da equipe.

Seja corajoso e reconheça que precisa de ajuda, pois esta tudo bem, haverá assuntos ou tarefas da qual você não terá conhecimento ou terá alguém que fará melhor aquela atividade/tarefa.

b. Promova pertencimento

Segundo o psicólogo norte americano Abraham Maslow, criador da famosa ***Teoria da Hierarquia das Necessidades do Ser Humano,*** o pertencimento encontra-se no terceiro nível desta hierarquia, estando dentro da necessidade de segurança. A busca de sentido é característica a todo o ser humano e como tal, procuramos estar inseridos em grupos que façam sentido para nós, que possamos partilhar dos mesmos ideais, crenças, em que sentimos que podemos fazer a diferença, que sejamos ouvidos e possamos contribuir com o nosso ***know how***. Isso não é diferente em uma equipe.

Não é propriamente algo que se possa ensinar, pois o pertencimento tem um viés emocional, ou seja, é a forma como ele olha para a equipe ou a organização, além do âmbito profissional, portanto, as ações levadas a cabo pelo líder vão muito além de orientar e de inúmeros workshops para promover a carta de missão da organização; são necessárias ações voltadas paras as emoções do colaborador. Portanto, ouça seus colaboradores, promova encontros de ***feedback,*** demonstrando sempre que a opinião e as habilidades daquele colaborador são indispensáveis para o sucesso da equipe.

Ao se sentir pertencente, seu colaborador está mais aberto a confiar nos seus companheiros e então contribuir ou cooperar para a realização dos objetivos do team.

Lidere antes suas emoções

Enquanto líder, você tem a responsabilidade de levar a equipe e seus integrantes a lugares aonde por si só não chegariam. Portanto, é extremamente importante liderar a você mesmo, suas emoções, sentimentos e comportamentos.

É aqui que falamos sobre inteligência emocional (IE), um conceito popularizado pelo psicólogo Daniel Goleman. Ele descreve a IE como a habilidade de uma pessoa gerenciar suas emoções por forma a expressá-las da melhor forma possível. Em sumo, é você perceber como os seus sentimentos te levam a agir e qual será o impacto sobre os outros.

Portanto, a IE vai promover o seu autoconhecimento a medida em que te possibilitará identificar suas emoções, te ajudará a controlá-las, promover a automotivação e melhorar as tuas relações interpessoais.

Outro benefício é que ela vai te habilitar a identificar emoções nos teus colaboradores, direcionando o modo de atuação para cada um destes profissionais, podendo melhorar a performance individual e coletiva.

Invista na cultura do *feedback* e *feedforward*

É um aliado de extrema importância para uma gestão eficiente e construção de ***teams*** brilhantes e de alta performance, a medida que estimula o crescimento e desenvolvimento dos seus colaboradores. É uma ferramenta de gestão poderosa, portanto, aprenda a usá-la da melhor forma possível para desenvolver sua equipe.

Ela centra-se em levar luz para determinado comportamento, podendo ser positivo - quando for para elogiar uma ação que teve impacto positivo - e negativo - para aquele comportamento que teve um impacto negativo e precisa ser melhorado.

Certa vez, em uma reunião de ***feedback,*** perguntei a um profissional: "Você sabe porque foi contratado? Você sabe quais implicações tem as tarefas que desenvolve? E o papel da tua organização na sociedade?" Pois tentei explicar que os esforços dele de organização impactavam a sociedade em que se encontrava inserido.

Para mim foi do tipo: "Não diga às pessoas o que elas precisam fazer, mostre-lhes antes porque fazem o que fazem." Isso foi extremamente poderoso. A partir da partilha do porque, pude ver o desenvolvimento de pessoas que inclusive eu mesmo havia desistido, desabrocharem, inspirados e imbuídos em um espírito de fazer a diferença, porque perceberam que não estavam a perseguir os caprichos pessoais de um líder, mais que as suas ações têm repercussões muito mais grandiosas.

Então, o que está na base de um bom ***feedback***? Partilho agora algumas das lições que aprendi para fornecer feedbacks mais construtivos:

- **Esteja preparado:** pense nos elementos do feedback escreva-os, prepare o ambiente, pois este tem impacto no receptor do feedback;

- **Contextualize:** tenha bem claro a razão que origina o feedback, sendo específico ao comportamento ou momento;

- **Foque:** não divague, o feedback deve incidir exclusivamente sobre o que deve ser melhorado;

- **Seja oportuno:** postergar dar um feedback sobre qualquer comportamento é fazer com que esta ferramenta perca a sua eficácia.

Contudo, tão importante quanto o feedback é o feedforward. Ele tem o foco no futuro, consiste em dar uma perspectiva para o colaborador, de que competências ele precisa aprimorar e quais precisa desenvolver. Seria como uma bússola, a fim de direcionar o potencial e monitorar o processo de desenvolvimento do profissional para o futuro.

Fica claro, portanto, a diferença entre ambos, **feedback** foca no que aconteceu e traçar melhorias, **feedforward** foca no futuro o que deve ser feito para crescer.

Como funcionaria, na prática, uma sessão de feedforward? Lembra que eu disse: nunca termine um feedback sem oferecer o feedforward? Pois então, imagine que você disse ao seu colaborador que ele precisa melhorar determinada atitude ou desenvolver determinada competência e por meio de perguntas você o ajude a construir um plano de ação que vise atingir este objetivo e assim promover o crescimento deste profissional. Veja alguns exemplos:

- O que você pode, hoje, fazer para mudar esta atitude ou aprimorar esta habilidade? Por onde você começaria?

- Tem alguma coisa que eu posso fazer para ajudar? Ou quem pode?

- O que você acha que vai ganhar ao melhorar esta atitude ou aprimorar esta competência?

E saiba, o feedback é um presente, portanto, ofereça e receba-o de braços e coração bem abertos. Vale lembrar que ambas ferramentas têm em vista o desenvolvimento e crescimento do profissional; caso o que você tenha a dizer não for ter este impacto, então não é feedback e o melhor mesmo é não realizar.

Chamada a ação

Analise Swot da equipe:

Agora te convido a escrever 5 pontos de melhoria no seu t*eam*:

Depois 5 ameaças ao desempenho do seu ***team***:

No final, te convido a fazer um plano com ações direcionadas a melhorar cada um dos pontos de melhoria e ameaças ao desempenho da sua equipe.

"

Não diga o que as pessoas devem fazer, diga-lhes antes porque fazem o que fazem, construa propósitos.

Eduardo Bravo

Elba Siqueira

Casei-me aos 14 anos e fui mãe aos 15 – minha vida poderia ter estagnado, mas...

Sou uma mulher que descobriu que a vida é repleta de desafios para quem decide se desafiar; aprendi também que autorresponsabilidade é poder. Sou aquela que é prova viva do poder transformador da educação e que aprende todos os dias.

Graduada em Direito, Geografia e Pedagogia, mestra e doutora em Educação, *Coach* Integral Sistêmico, entre outras formações, servidora pública, palestrante, formadora e escritora.

A vida me forjou no fogo e decidi seguir procurando minha melhor versão, algumas vezes deu certo, outras vezes deu estratégias e novos caminhos.

elbasiqueira_
(82) 99994-6123
elbasgomes@hotmail.com

19

ABRAÇANDO O SUCESSO: EDUCAÇÃO, EMPATIA E PERTENCIMENTO

Por Elba Siqueira

SUCESSO. Talvez, em algum momento, você tenha pensado que sucesso é sorte, coisa do destino e algo impossível para você, talvez em algum momento você tenha se considerado alguém sem "sorte". Talvez, a tal sorte esteja associada ao treinamento, ao desejo ardente, ao observar e aproveitar as oportunidades. Talvez inclusive, a tal sorte esteja relacionada a superar o medo e enfrentar os desafios.

Mas, o que é sucesso finalmente? Entendo que cada pessoa tem a sua definição de sucesso; necessariamente, o que é sucesso pra mim, pode não ser pra você e vice-versa. Uns acreditam que sucesso está relacionado à fama, dinheiro, luxo e bens materiais; outros acreditam que ter sucesso está relacionado ao controle emocional, paz, desfrutar momentos de lazer com pessoas queridas, etc. Outros creem nas duas possibilidades, ou seja, um conjunto desses fatores. Fato é: o que é sucesso pra você? Você já refletiu sobre a sua concepção de sucesso?

Antes de seguir esse diálogo, lhe convido a refletir sobre o que é sucesso para você. Sem meio termo, sem muitas voltas, com toda verdade e humildade, reconheça sua visão de sucesso. Ela é sua.

Vivemos em um mundo de constante mutação, onde as perspectivas, anseios, medos, desejos e modelos se modelam e se transformam constantemente. Somos seres em evolução e, nesse sentido, nossa concepção de sucesso pode mudar com o decorrer do tempo e afirmo que está tudo bem se isso acontecer e que bom se você teve a oportunidade de mudar de mentalidade no decorrer do tempo, é sinal de que houve evolução e aprendizado. Parabéns!

Tudo parte de uma decisão, a decisão de agir é o que nos possibilita avançar. Inevitavelmente, quando se fala em sucesso três palavras que fazem parte constante da minha vida me vêm à mente, são elas: ***educação, empatia e pertencimento***, pois para abraçar o sucesso, as ações relacionadas a essas três palavras precisam se fazer presentes. Muito já se fala em meta, em planejamento, em ser persistente, disciplinado, mas essas três palavrinhas são bem menos discutidas quando o assunto é a corrida pelo sucesso e/ou pela autorrealização.

"Um mundo que tem pressa", essa é a impressão. Aparentemente, tudo é "pra ontem" e, aparentemente ainda, vivemos em uma eterna corrida dos ratos, correndo, correndo e sem ponto de chegada, muitas vezes, realizando o mesmo percurso incessantemente. Vivemos na época do ***fast food***, queremos tudo muito rápido e pronto. Contudo, na vida real, o sucesso envolve um processo de construção contínuo, regado de renúncias e dedicação. Envolve tomadas de decisões assertivas ou recompositivas, pois, não acertamos sempre, muitas vezes precisamos nos recompor, reestruturar o caminho, reordenar a rota e seguir.

Todo sucesso consistente, do qual tenho conhecimento, está fundamentado em bases sólidas, estruturado geralmente à duras penas (renúncias, dores, frustrações, dedicação, persistência...) ou seja, sucesso é construção e para abraçar o sucesso, é preciso estar disposto a erguer cada etapa. Fato é, que nem todas as pessoas estão dispostas a pagar o preço e arcar com as renúncias e todos os entraves que podem surgir pelo caminho. Esse caminho é só para os obstinados.

Geralmente, são muitos parabéns após a vitória e pouquíssima ajuda na trajetória, mas é assim e que bom! Porque isso nos torna ainda mais fortes. Costumo dizer que não sabemos a força que temos até que precisemos ser fortes, quem nunca refletiu após um momento difícil, pensando: "***Não sei como consegui isso, não sei de onde veio a força e a coragem, não sei como resisti***"? Foi através da força que não sabe que tem, até a vida lhe forçar a utilizá-la.

Em resumo, resultados são facilmente contemplados, esforços são dificilmente valorizados, mas deles dependem o seu sucesso. Sem esforço, sem pódio. Nossas ações e omissões implicam em resultados; sim, se agirmos ou não os resultados virão, porém, se nos omitirmos à ação, muito provavelmente teremos resultados medíocres. Quando nos decidimos a percorrer um caminho de sucesso, sabemos que o percurso envolve ações contínuas e competências indispensáveis nessa trajetória, eu poderia aqui elencar dezenas de competências necessárias para uma trajetória de sucesso, mas preferi destacar apenas três que absorvo com mais essencialidade e que, comprovadamente, são extremamente eficazes na minha vida.

A EDUCAÇÃO é a primeira delas, não importa o caminho que você escolheu, você sempre vai precisar estar aprendendo sobre ele e se educando constantemente, quem não se atualiza está fadado ao limbo. Quando me refiro à educação, importante se faz saber que valorizo muito a educação formal, ela foi o que causou uma transformação enorme na minha vida. Os caminhos que percorri na educação formal e minha trajetória acadêmica são responsáveis por diversos degraus que escalei até aqui, porém, se a busca por aprender não fosse constante, eu já estaria fadada e estagnada profissionalmente.

Além da formação acadêmica, que é uma porta de grande valor, a consciência do aprender e se educar constantemente é muito necessária. Independente da sua área de atuação e/ou profissão, sempre se tem o que aprender, o que conhecer, o que avançar. Seja no desenvolvimento do seu trabalho, na sua produtividade, no relacionamento com pessoas, no processo de vendas ou entrega do serviço, enfim, educar-se e aprender é uma constante em uma trajetória de sucesso. Não importa a fonte, seja através de livros, palestras, formações, cursos, rodas de conversa, grupos, esteja em ritmo de aprendizagem constante.

Aos 14 anos, quando me casei e aos 15, quando tive meu primeiro filho, era impossível vislumbrar a trajetória que construí. Passei alguns anos na inércia e no conformismo, vivendo apenas a vida doméstica e as frustrações de um relacionamento que hoje entendo ser abusivo, fadado ao fracasso. Mas, ***"a dor ensina a gemer"***, dizia minha saudosa vovó e quando o sapato apertou muito, precisei retirá-lo e buscar os que poderiam me calçar e confortar meus pés calejados. Foi na educação que o mundo se abriu diante dos meus olhos. Ouvi uma frase, não lembro onde, nem lembro de quem ou quando, mas a frase ecoa sempre nos meus ouvidos: "o sucesso está no movimento" e a educação, bem como a busca por aprender nos proporciona esse movimento.

Destaco também a EMPATIA, como uma competência necessária para o sucesso profissional e para a vida. Empatia tem sido uma palavra até bastante falada ultimamente, contudo, não praticada a contento. Se observamos bem ao nosso redor, enxergaremos tantos julgamentos, falsos discursos moralistas e perfeccionistas, porém não somos perfeitos e as pessoas à nossa volta também não são, nem nossos pais, avós, líderes, mentores, ninguém; muitas vezes, somos o que a vida nos tornou, seja o que ela nos forjou a ser ou o que sucumbimos diante dela e ponto, é a história individual de cada um, o julgamento não nos cabe. Lamento termos uma boca e duas mãos, mas falarmos muito mais do que deveríamos e ajudarmos ou abraçarmos muito menos do que poderíamos.

Ser empático é se colocar no lugar do outro, sem julgamentos; eu acrescento ainda que ser empático é desenvolver um olhar de amor. Na vida profissional, o pré-julgamento e a falta de empatia podem nos impedir de fechar excelentes negócios. Conheço inúmeros casos de profissionais que perderam clientes extraordinários por julgar sua aparência ou ***pré-conceituar*** sua conduta. Empatia está relacionada à compreensão, mas não qualquer compreensão, a que se conecta à emoção, a uma busca humana por perceber o outro. Nesse sentido, desenvolver uma visão empática contribui de forma positiva nos relacionamentos interpessoais que desenvolvemos ao longo da nossa trajetória.

Tratar o outro (cliente, patrão, colega de trabalho, vizinho, parente, amigo...) com empatia, contribui para que sejamos mais empáticos conosco, nos julgando menos e diminuindo o peso dos nossos próprios fardos, pois entendendo que o outro não é perfeito, consigo conviver melhor com minhas imperfeições, porém, sem me conformar demasiadamente com elas, uma vez que somos seres em constante evolução.

Por último e não menos importante, o PERTECIMENTO. Você já se perguntou sobre a diferença entre pertencer e fazer parte? Infelizmente, as empresas, as prestações de serviços e os projetos estão repletos de pessoas que fazem parte dos mesmos, porém, não se sentem pertencentes a estes. Pertencimento vai muito além do que simplesmente fazer parte. O pertencimento convida a tomar para si o sonho e o projeto coletivo, ou do outro, essa competência me faz sentir gana por ver as coisas fluírem e darem certo, mesmo que eu seja apenas um coadjuvante nessa história e não o personagem principal.

O senso de pertencimento é, inclusive, um sentimento: o sentimento de fazer parte. Tal sentimento te levará além, pois quem se sente pertencente e age com pertencimento não deixa de ter bons resultados e muito menos deixa de ser notado. As empresas estão lotadas de profissionais qualificados, com currículos excelentes, o mercado se expande todos os dias e os detalhes são o que diferenciam um profissional do outro. Em um mundo tecnológico, a humanização na execução dos processos tem ganhado espaço, pois independente da fonte intermediária na comunicação, essa sempre vai envolver pessoas; os serviços ofertados sempre contarão com pessoas receptoras em quase 100% das vezes, em qualquer que seja a fase do processo.

Diante de tudo que aqui foi exposto, recapitulo contigo a importância de estar ***estudando e aprendendo*** constantemente, esse movimento de aprendizagem é constante, exercite a ***empatia*** tornando sua jornada mais leve e agradável e sinta-se ***pertencente*** no desenvolvimento de todos os projetos e serviços que se propor a desenvolver.

Eu te convido a passear pelas áreas da sua vida, analisando sobre a sua situação atual diante dessas três competências aqui dialogadas. Faça a diferença, essa responsabilidade é sua.

Levanta e abre a porta, o sucesso está batendo.

"

A minha maior ferramenta de desenvolvimento pessoal sou EU.

ELBA SIQUEIRA

Evania Lima

Olá, amado leitor! Eu sou Evania Lima; hoje atuo na empresa Romance & Favorita, distribuindo mercadorias para algumas das regiões do estado do Pará. Sou grata pela vida do meu gestor Caetano Mendes por me proporcionar a oportunidade de conhecer o meu melhor na sua empresa junto com seu time.

Busco me desenvolver com as ferramentas de *coaching* com o mentor Ricardo Pianho, que tem me mostrado novos horizontes; sou grata por ele e por cada dia conhecer a pessoa mais importante da minha vida: Eu! Sou grata por estar compartilhando um pouco de mim para você.

evaniaromance
evanialimarmc@gmail.com
(94) 98402-6711

10 Bom humor, o reflexo da gratidão

Por Evania Lima

Como eu observo o sol me diz como eu observo dentro de mim e como o sol está brilhando está dizendo muito sobre mim. O meu observar me faz ter consciência dos meus sentimentos e desembaraçá-los do que me que impede de desenvolver o meu melhor, e refletir a gratidão ao Senhor Papai que mora dentro de mim.

Em uma época da minha vida, eu tinha muito humor, ria para tudo e para todos facilmente, aceitava tudo o que vinha por não saber o que queria e isso era só pra que eu fosse aceita pelas pessoas em minha volta. Isso me fez enxergar **a diferença do humor e do bom humor**. Exemplo do humor: eu vivi um casamento em que o meu parceiro ditava tudo o que eu tinha e o que eu não tinha o que fazer e eu, para ser aceita e me sentir amada, fazia tudo o que ele pedia e me omitia deixando-o me controlar.

Na verdade, ele queria me ocupar pra que eu não imaginasse o que ele estava fazendo, porém ele estava enganado... A palavra de Deus fala em Gêneses 2:24: *"Por isso, deixará o homem o pai e a mãe e se unirá à sua mulher, tornando-se os dois uma só carne."*

Deus fez tudo perfeito para a mulher e o homem atender às vontades um do outro e respeitar os seus limites. Essa minha escolha me levou para o fundo do poço, entrei em uma depressão profunda em que perdi 9 kg, tive uma infecção que me sentia fedida o tempo todo e sangrava sem parar. Cheguei à beira da morte, fui em vários profissionais, fiz exames e não dava em nada. Eles riam de mim, eu saia chorando por não entender o que estava acontecendo, até que conheci a minha psicóloga Rayllane Mateus, que me acompanhou por um bom tempo, me ajudando a seguir em frente na minha jornada. Conheci, então, o meu mentor Ricardo Pianho, que me apresentou o **bom humor**, o sentimento que me fez tomar decisões e hoje sei que ele reflete a gratidão.

O bom humor está nos pequenos detalhes, quando eu digo que aprendi com o meu mentor sobre isso, é porque foi com ele que aprendi a dizer "não" e estou vivendo isso a cada instante da minha vida. Quando digo não para o que não tenho que fazer e "sim" para o que tem que ser feito, vejo a paz fluir em meu coração e o bom humor refletir a gratidão. Não é fácil permanecer com ele, o mundo quer tirar isso de mim, mas conhecer a diferença entre o humor e o bom humor me faz voltar rápido para o bom humor.

Depois de experienciar as ferramentas do coaching, eu venho aprendendo sobre o ele como reflexo da gratidão e entendo que ela é infinita, pois todos os dias conheço um pouco mais sobre ela.

No meu primeiro recebimento na região de Novo Repartimento, eu carreguei o carro de mercadoria e comprei um café extraordinário para receber com amor e dedicação as minhas consultoras e saí de casa às 5h da manhã já imaginando que iria chegar as 7h, pra organizar tudo pra atendê-las. Enfim, peguei a estrada, confesso que estava com um pouquinho de medo, mas feliz pois estava fazendo o que amo. Fui mesmo assim, com os meus sentimentos oscilavam entre medo e satisfação, alegria e tristeza. Liguei o som e fui ouvindo hinos e cantando alto para que os sentimentos ruins se afastassem de mim, e segui viagem.

Faltando 10km pra chegar na cidade de Novo Repartimento, a mangueira do hidrovácuo quebrou e eu fiquei sem freio. Naquele momento, pisei no freio e ele falhou, então eu gritei: "Pai!!" Ali, o Senhor Papai não me respondeu e o carro rodou três vezes, segurei o volante forte mas perdi o controle, o carro só parou quando bateu em um monte de barro, próximo de uma ribanceira. Quando o carro parou, eu fiquei sem acreditar e perguntei: "Por que comigo? Pai, minha primeira vez nesse trabalho e acontece isso?" e fiquei brigando com o Pai por uns 15min, sem entender e perguntando: "Por que comigo?" E sem conseguir sair do carro, até quando chegou um casal de moto que parou, me viu e perguntou como eu estava. Eu falei que estava bem, então ele pegou em minha mão e falou você que eu precisava sair do carro. e Saí do carro ainda sem entender o que estava acontecendo comigo e eles falaram que iriam pedir ajuda, antes de ir eles me recomendaram pra ter cuidado que o local era perigoso, eu agradeci (naquele momento, não liguei para o perigo).

Fiquei aguardando a ajuda e nisso se passaram, em média, 1h hora, até que observei que fiquei uma hora sem falar com o Senhor Papai e só estava reclamando da situação, sem me importar com a vontade dele. Até que me conscientizei que estava errada e tiver a humildade de olhar para o sol e pedir perdão a Ele; comecei a chorar sem parar e perguntei o que ele queria comigo. Naquele momento, ainda não conseguia ouvir a sua voz, e perguntei pra ele o que eu iria fazer naquele lugar que não tinha nada, e o que eu tinha que aprender com aquela situação.

Logo depois passaram dois moços, que pararam e me perguntaram o que ouve, falei o que havia acontecido e eles falaram: Cuidado que aqui sempre tem acidente e é perigoso, tem assalto. Eu agradeci e pensei: "Ainda estou com pensamentos ruins", olhei para o sol e perguntei: "Pai como posso sair daqui e como pode ser resolvida esta situação, minhas consultoras estão aguardando atendimento". Foi questão de uns 5 minutos, passou um motoqueiro com um amigo em sua sua moto e me perguntou se eu precisava de ajuda, eu disse que sim. Ele me disse: "Vou deixar o meu amigo na casa dele e volto pra te socorrer". Eu agradeci e fiquei aguardando. Também agradeci ao Senhor Papai.

Em questão de segundos, um caminhoneiro passou e me avistou, ele estava em velocidade alta e freou bem distante de mim, veio dando ré até se aproximar e desceu do caminhão. Perguntou se eu precisava de ajuda e eu falei que sim; ele olhou o carro e viu que estava cheio de mercadorias e perguntou se o carro fechava, porque ele iria me levar no guincho para eu voltar com ele. Fiz como ele disse, e confiante que tudo ia se resolver, entrei no caminhão e seguimos pra cidade, e ele começou a conversar comigo me perguntando de onde eu era e o que estava indo fazer na cidade. Logo depois, ele começou compartilhar algumas histórias da vida dele pra mim e eu lembrei que não tinha dinheiro para pagar o guincho pois ainda não tinha feito nenhum atendimento. Perguntei ao Senhor Papai e ele não me respondeu, então senti que tinha que ficar calma, que tudo ia se resolver e comecei a fingir que estava tudo bem.

Conversando com o moço, chegamos rapidinho na cidade. Ele ligou para o guincho e marcou um lugar onde ele iria me deixar; quando cheguei no local, encontrei o Seu Neto, esposo da minha consultora, a Dona Ana. Quando ele me viu, eu vi alegria nele e fiquei muito alegre também, ele perguntou o que tinha acontecido, então compartilhei o ocorrido e ele já foi se oferecendo pra me ajudar. Aproveitei para pedir emprestado o dinheiro e ele falou: "Pode ir buscar o seu carro que quando chegar eu pago, depois você me paga". Seu Neto ligou para a esposa e depois de saber o que aconteceu, eles me convidaram pra ficar na casa deles.

Eu aceitei a ajuda e fiz como ele falou, busquei o carro e voltei pra casa, descarreguei a mercadoria; ele levou o carro para a oficina e me disse: "Pode arrumar as suas coisas e atender as suas clientes que resolvo a questão do carro". Assim, pude tomar "aquele" banho, enviar mensagens no grupo para as consultoras avisando que mudei o local da reunião, passei a localização e logo depois organizei a mercadoria que tomou toda a casa da Dona Ana e a mesa com as coisas para o café da manhã.

Não arrumei o cabelo, deixei por último e começaram a chegar as consultoras, fiquei tão feliz que estava atendendo que nem me importei com o cabelo. Naquele momento, dei o meu melhor para elas, com tudo que eu tinha, foi incrível! Naquela semana, fiz uma cobrança excelente e todo o meu lucro foi pra investir em meu carro, fiquei muito feliz que tudo se resolveu. Quando voltei para casa, fui chorando de alegria e gratidão toda a estrada, por saber que o Senhor Papai está comigo o tempo todo cuidando de mim e dos meus negócios.

Aprendi que ter o bom humor, é usar os melhores sentimentos que tenho potencializando-os a cada dia e eles refletem a gratidão que tenho para com Deus. Todos os dias descubro que posso ser mais grata e que tenho mais motivos pra ser assim.

Então, amado leitor, hoje convido você a elevar o seu nível de capacidade de uma forma exponencial, para alcançar níveis mais altos que você não imagina hoje, através do BOM HUMOR E REFLETIR A GRATIDÃO que o SENHOR PAPAI te entregou.

Para que isso aconteça, preciso do seu compromisso consigo mesmo de todos os dias cumprir com as ações diárias que proponho abaixo, a fim de se fazer feliz, usando o poder da gratidão:

1 - Em seu quarto, orar e agradecer ao SENHOR PAPAI por tudo que você tem e a tudo que os seus olhos conseguem enxergar, até se sentir completamente feliz.

2 - Observar dentro do seu mais íntimo e se perguntar: o que tem de novo, por hoje?

3 - O que fazer com a novidade? Como colocar em pratica a novidade? Em que lugar colocar em prática? Quem devo acessar? Quem devo servir com a novidade?

4 - Escrever todas as perguntas, e anotar todos os ***insights*** que vier!

Agora, para finalizar, lhe convido a assinar o seguinte termo de compromisso consigo mesmo(a):

"Eu, __________, me comprometo a me fazer feliz todos os dias da minha vida, sendo grato(a) em todas as circunstâncias e viver os sonhos que DEUS, O SENHOR PAPAI, tem para minha vida!"

Caminhe com gratidão e você será muito mais feliz!

"

O sol brilha no céu e dentro de mim brilha uma luz que reflete a gratidão.

Evania Lima

Flávia C. O. Ramos Maluf Orlandi

Eu sou Flávia Cristina de Oliveira Ramos Maluf Orlandi, tenho orgulho em escrever cada parte do meu nome, pois representa várias gerações de valores, princípios e tradições em família.

Sou advogada e CEO do Escritório de Advocacia Ramos Maluf Orlandi. Especialista em Direito Civil, Processo Civil e Direito Imobiliário.

Cursos extracurriculares de Mediação e Negociação, *Practitioner*, *Master Practitioner*, Master Mind Lince, Oratória, Empretec (Sebrae), Formação de Treinadores (IFT).

Desde os meus 14 anos sou apaixonada por estudos relacionados à neurociência e psicologia, acredito ser este o meu maior diferencial como advogada.

Advocacia Ramos Maluf Orlandi - Alameda Santos, 1165, sala 104 - Jardim Paulista - São Paulo/SP - CEP: 01419-002

advogada_Flavia_Ramos

www.ramosorlandi.com.br

(11) 4081-3029

(11) 96904-3442

11

PODER DE NEGOCIAÇÃO

Por Flávia C. O. Ramos Maluf Orlandi

Somos em quatro irmãos, nascidos em escadinha com idades entre 6 e 12 anos, logo, torna-se fácil compreender que os nossos interesses eram divergentes e estavam em perfeita consonância com a nossa faixa etária.

Na década de 90, quando passava a telenovela no SBT "Éramos Seis", minha irmã mais velha, Fernanda Kelly, tinha 12 anos, eu estava com 11, José Ricardo com 8 e Joel Carlos, o caçula, tinha 6 aninhos. A arte imita a vida! Nesta década, os meus pais se separaram e ficou registrado em minha memória a frase do meu pai: "Éramos Seis". De repente, passamos a ser cinco. A minha mãe assumiu sozinha a responsabilidade de educar e ser arrimo da família. Foram tempos difíceis que nos fizeram crescer e amadurecer, nos unindo como família.

Tivemos babá, a avó cuidou, o tio cuidou, até que chegou a fase de ficarmos sozinhos em casa enquanto minha mãe trabalhava. Sem adulto supervisionando e fiscalizando os nossos passos, começamos a ir para a rua brincar com os primos e com os filhos dos vizinhos. As ordens da minha mãe eram claras: chegar da escola, trocar de roupa e ficar dentro de casa estudando. Era terminantemente proibido ir para a rua, sob pena de castigo.

A rua era convidativa, os primos brincavam, os filhos dos vizinhos brincavam, por que só nós não podíamos? - Não deu outra, lá fomos nós, os quatro irmãos brincarmos na rua. A negociação entre nós começou aí, em sermos cúmplices e guardar segredos um do outro da nossa desobediência.

Era uma tarde gostosa de verão, estávamos brincando de taco quando o filho da tia Gê, uma amiga de infância da minha mãe, ficou descontrolado e começou agredir um dos meus irmãos. O "Baixinho", como era chamado, que de baixa estatura não tinha nada, ele era alto, forte e briguento, impunha respeito à força, tanto que era temido pelas outras crianças - ele perdeu no jogo e por não aceitar as regras, passou dos insultos e xingamentos para a agressão física contra o meu irmão.

Ao ver a cena, eu não pensei duas vezes, peguei um dos tacos e parti em defesa do meu irmão, bati no Baixinho. Não sei de onde tirei forças, porque eu sempre fui pequena. Para se ter ideia, eu tenho hoje 1,57m de altura e 52kg, como eu disse em outra obra, um *tiquinho* de gente. Contudo, para defender o meu irmão, eu não medi esforços nem consequências. Ainda revivo um nostálgico sentimento ao relembrar esta história, principalmente porque o Baixinho já não está mais entre nós e penso nele com muito carinho.

Assim eu cresci, defendendo a minha família como uma leoa, sendo forte, determinada, corajosa, ousada e, muitas vezes, também impulsiva; até que, depois de formada, levei este comportamento combatente para dentro da sala de audiências e o resultado não foi bom. Entenda o caso.

Estávamos em audiência no CEJUSC da Barra Funda, de um lado, figurando no polo passivo, estava uma operadora de telefonia móvel que realizou portabilidade indevida na linha telefônica da minha cliente, a Sra. Marilvia. Concomitante ao problema na linha, o esposo da Sra. Marilvia foi internado às pressas para realizar cirurgia de apendicite e não conseguiu estabelecer contato com a esposa avisando da internação. Decorridos dois dias sem contato com o marido, o hospital ligou para um familiar e pediu que avisassem a esposa sobre a cirurgia e que o marido passava bem.

Quando a cliente me procurou no escritório, já somavam mais de 60 dias sem a sua linha telefônica. É óbvia a má prestação de serviços por parte da operadora. Buscamos o CEJUSC para mediar o conflito, mas, na contramão do que se esperava em uma audiência de conciliação e mediação, a cliente passou a ser coagida pelos mediadores a desistir da ação, sob a alegação de tratar-se de um mero dissabor, que seguir no processo traria volume desnecessário à máquina judiciária e nenhum dinheiro seria capaz de ressarcir a sua dor. Argumentos estes e outros visando dissuadi-la de seguir com a ação indenizatória.

Ficou claro e evidente a parcialidade dos mediadores que compunham a sala.

Olho para o lado e o que vejo? A Sra. Marilvia chorando. Fui tomada por aquele mesmo sentimento ousado e impulsivo que marcou a minha infância ao proteger o meu irmão. Eu intervenho na mediação e impeço que seja feito um acordo injusto. O mediador impõe para que eu me retire da sala. Eu me recuso a sair sem a minha cliente. Então, ameaçam chamar a polícia para me retirar à força. Com veemência e determinação, eu bato a mão na mesa e peço para que chamem sim, a polícia, que iremos todos para a delegacia. Então, retiro a cliente da sala, que agora está aos prantos, chorando de soluçar. Eu deixo a Sra. Marilvia em frente ao Colégio São Luiz para pegar seus filhos na saída da escola.

Naquela noite, eu não dormi. Passei mal, chorei, fiquei arrependida do meu comportamento e pensei que eu poderia ter conduzido a situação de outro modo, que eu poderia, mesmo diante daquela situação notadamente injusta, ter tido outra postura. Então decidi tirar lição do meu erro e canalizar a minha energia combatente de outra forma.

Fui fazer cursos, estudar, ler, aprender sobre negociação, busquei estudos direto na fonte, com o guru no assunto, William Ury. Estudei sobre justiça restaurativa, conciliação, mediação, soluções consensuais de conflitos, arbitragem, comunicação não-violenta, comunicação inclusiva, entre outros.

Os anos se passaram. Adotei, desde então, uma nova abordagem jurídica com os meus clientes e passei a ter como mantra que **em qualquer situação, em qualquer lugar, com qualquer pessoa, a qualquer tempo, eu decido olhar o outro com amor e respeito, olhar além das aparências, sem estereótipos e sem julgamentos**.

Com esta premissa, eu perdi as contas de quantos acordos e negociações exitosas foram realizadas com a minha intermediação. Aprendi na prática que sim, o conflito faz parte do jogo, mas até para litigar precisamos respeitar as regras do jogo e tratar o outro com respeito e amor, como se fosse o meu próprio irmão.

Contudo, parece que a vida nos testa, que nos coloca à prova exatamente na mesma situação em que em algum momento tropeçamos. É como se a vida me falasse: "Ah... você está pronta? Vamos ver como você reage a esta situação".

O fato aconteceu há aproximadamente 2 meses, no início de novembro de 2022. Trata-se de uma ação de alimentos. O pai pagou religiosamente os alimentos do filho. Por um período, ele pagou à menor porque, até então, não havia decisão judicial regulamentando. A mãe, seja por qual motivo for e não vou julgar, ingressou com ação de execução de alimentos alegando que o pai devia mais de 30 mil reais e conseguiu penhorar as contas bancárias do genitor. Juntada toda a documentação, provamos nos autos que este valor não era devido, ocasião em que pedi o desbloqueio das contas e logramos êxito.

A advogada da parte contrária, inconformada por "perder" o processo, mesmo tendo realizado vários protocolos e recursos desconexos com a causa, entrou em contato comigo e manifestou verbalmente toda a sua indignação. Foi ofensiva, me hostilizou, eu sequer tive oportunidade de me manifestar. Não bastasse isso, em uma segunda ligação por chamada de vídeo, a pretexto de fazer um acordo para que a mãe não sofresse litigância de má fé, a advogada tirou de sua bolsa uma arma e disse que andava armada devido aos clientes que a ameaçavam. Poderia não ser a intenção da nobre doutora, mas senti naquele comportamento uma intimidação me forçando a aceitar o acordo para não prosseguirmos com a litigância de má fé.

Fiquei dias e dias revivendo as falas e as cenas. Pensei em denunciar no Código de Ética e Disciplina da OAB, fazer boletim de ocorrência, jogar nas redes sociais. Pensei mil e uma maneiras de mostrar também a minha força e o meu poder combatente, contudo, algo dentro de mim sentia um amor incondicional por aquela alma. Eu sentia compaixão e, pela primeira vez, pude perceber que eu tinha mudado de dentro para fora, que eu estava vivenciando a essência da empatia, do colocar-me verdadeiramente no lugar do outro, de olhar o outro com olhos de amor e ver além das aparências, livre de qualquer julgamento.

Eu poderia dizer que isso foi transcendental. Eu estava vivendo o maior aprendizado que o Mestre Jesus, o Mestre das Negociações nos deixou: "Amar o próximo como a ti mesmo".

Passados uns 30 dias, eu entrei em contato com a advogada, cheguei com muito amor e sinceridade no coração, baixei a guarda e levantei a bandeira da paz. O que eu encontrei? Uma mulher forte sim, e também uma criança ferida. Esta advogada teve câncer e passou pela sombra da morte. Foi desenganada pelos médicos e quando perdeu o cabelo e a beleza, perdeu também o namorado, que terminou o relacionamento alegando que ela não mais lhe servia. Ela me relatou a sua dor, contou das noites sem dormir, das crises de síndrome de pânico. Ela chorou. Eu chorei. Ali, na minha frente, tinha um ser humano gentil a amável.

O cofundador do *Harvard Negotiation Project*, Willian L. Ury, afirma que a falha na negociação com pessoas difíceis, também conhecidas como "tubarões", começa dentro de cada um de nós. Podemos ter um arsenal das melhores técnicas de negociação, mas se faltar a primeira e mais importante negociação, vamos falhar em todas as outras.

Uma das perguntas que foi constantemente formulada pelos leitores do escritor Willian Ury, deixo aqui para o seu estudo e reflexão: "Eu devo negociar até mesmo com terroristas ou com alguém como Hitler? Quando seria o caso de não haver negociação?" Se você me fizer esta mesma pergunta, eu vou te responder: - Depende. Eu sigo muito a minha intuição.

Que você possa em qualquer situação, em qualquer lugar, com qualquer pessoa, a qualquer tempo, decidir olhar o outro com amor e respeito, olhar além das aparências, sem estereótipos e sem julgamentos.

Caso queira se aprofundar no assunto de negociação, eu indico as obras do William Ury.

"

Estimule a negociação. Seja um instrumento da paz, do amor e da justiça!

FLÁVIA C. O. RAMOS MALUF ORLANDI

Bel Mello
Nikon
Nikon
D90

Geizebel Melo

Eu sou Geizebel Melo, mãe de três filhos maravilhosos, casada há 23 anos e empreendedora!

Apaixonada por arte, fotografia e tecnologia, iniciei minha trajetória em 2006 ao lado do meu pai e aprendi com ele e sua equipe a registrar lindos momentos em eventos sociais e ensaios.

Em 2011, decidi ir para o mundo artístico e ali aprimorei minhas fotografias e aprendi a arte de fazer *networking*, o que me levou em 2016 a ir para o mundo corporativo, onde me apaixonei e estou até hoje!

Atualmente, sou estudante de *Marketing* Digital pela EBAC, tenho o prazer de estar ao lado de grandes parceiros nacionais e internacionais e poder, de alguma forma, contribuir com o empreendedorismo no Brasil.

eusougeizebelmelo
contato@geizebelmelo.com.br
www.geizebelmelo.com.br

12 PACIÊNCIA, TUDO TEM O TEMPO CERTO PARA ACONTECER

Por Geizebel Melo

Sempre ouvimos a frase "Tudo tem o seu tempo certo". Mas, às vezes, parece que algumas coisas nunca vão acontecer, então ficamos impacientes, ansiosos e até mesmo frustrados. No entanto, a verdade é que tudo acontece por uma razão e no seu tempo certo.

Desde o primeiro dia do nosso nascimento, estamos aprendendo a ser pacientes, mas por habitarmos em um mundo louco onde a informação flui em segundos, nos perdemos em continuarmos tendo paciência, uma das virtudes mais importantes para o ser humano. Assim, tendo que lidar com tudo muito rapidamente e atender a requisitos constantes, focamos em uma vida de mostrar e medir resultados e essa aceleração nos torna escravos da urgência e da pressa, nos fazendo esquecer da importância de sermos pacientes.

Esquecemos de viver no presente admirando a paisagem, as pessoas e queremos desfrutar do realizar sem passar pelo processo. Você não poderá manter o controle de tudo porque sempre haverá variáveis que superam nossas previsões.

Quando as pessoas não se movem o suficiente para nossa satisfação, quando não acontece do nosso jeito, ficamos frustrados com o ritmo lento da vida, esquecendo que a paciência é uma virtude e deve ser cultivada se quisermos ser bem-sucedidos e felizes, mas quando sabemos praticar a arte de esperar, livramo-nos da expectativa de que tudo corra conforme o planejado, livramo-nos da ansiedade e da espera.

À medida que envelhecemos, aprendemos mais sobre a importância da paciência e o mundo em que habitamos; ser paciente tornou-se indispensável para a saúde física, mental e emocional, ou seja, ao contrário da crença popular, negligenciar o processo de espera nos torna mais vulneráveis e você é a única pessoa responsável pelo autocontrole diante da adversidade e do conflito pessoal. Consequentemente, manter a calma diante de condições fora do controle é o primeiro passo para superá-las. Nossa sociedade tem treinado cada vez mais pessoas para competir e correr atrás do pódio. Por conta disso, muitas pessoas enfrentam a depressão e a infelicidade quando encontram um lugar ao sol que não atinge a todos.

Devemos perceber que há um tempo e uma situação específicos para cada sucesso. Assim, todos experimentarão o sucesso de alguma forma, realizado em seu próprio tempo. A dedicação e seriedade do que você quer é importante, mas você tem que ser paciente e só assim vai perceber que a paciência é a chave para a felicidade.

Como diz a sabedoria popular: "A pressa é inimiga da perfeição", por isso, é sábio manter a calma e não permitir que as emoções assumam o controle de forma oportuna e catastrófica. A paciência está ligada ao autocontrole e a tentativa consciente de regular essas emoções pode te ajudar a treinar o autocontrole e assim desenvolver a capacidade de refletir antes de agir de forma impulsiva.

O próprio livro da vida nos mostra como Jesus foi paciente e nos ensinou a diminuir a impulsividade e a necessidade de querer algo imediatamente, auxiliando a aprender a esperar. Ele curava, orientava, perdoava e assim ele animava as pessoas, ajudando a diminuir a impulsividade, a necessidade de querer algo "já", auxiliando a aprender a esperar.

Aprenda como Jesus fez, atue com compaixão e tente olhar a pessoa sobre a ótica de compreensão do sofrimento dela. Quando acontecer alguma coisa que empurre você para agir com impaciência, respire fundo e perceba seus sentimentos de raiva ou irritação.

Praticar a paciência em situações cotidianas te ensina a expandir a sua capacidade de pensar e colocar ali aquilo que você talvez não esteja com muita paciência em fazer, mas que é um exercício para pensar, parar e avaliar o seu comportamento. Você vai perceber que isso não só torna a vida mais agradável no presente, mas também ajudará a pavimentar o caminho para um futuro mais satisfatório e bem-sucedido.

Agora estamos aqui, no único lugar onde podemos realmente fazer algo concreto. A prática da espera significa que não precisamos nos preocupar com um futuro incerto, temos que fazer a nossa parte e acreditar nas recompensas que iremos colher. Dessa forma, a vida se tornará mais fácil e prática.

Você sabe por que a paciência é tão importante?

Parece clichê a pergunta, mas muitos não têm consciência dos benefícios:

- Ajuda a deixar calmo;
- Melhorar os relacionamentos;
- Auxilia você nas melhores tomadas de decisões ;
- Auxilia a ter uma perspectiva melhor;
- Ajuda você a lidar com as incertezas;
- Te ajuda a viver o presente;
- A paciência o ajudará a alcançar seus objetivos;
- Paciência te faz feliz.

Nossas decisões, nossas escolhas, tudo é determinado por quanto tempo podemos esperar. Viver o processo e aprender a ter esperança é nos tirar da exigência de nós mesmos e nos levar a um futuro mais positivo. Quem resiste não se deixa atormentar pelo ritmo, pelo tempo, pelos prazos e pelas exigências, vive impassivelmente diante de um mundo que exige ação constante para uma paz de espírito que falta a muitos. Afinal, é com o tempo e a experiência que mais aprendemos a viver.

Depressão, insônia e diversas síndromes figuram a urgência com que habitamos e somente quando temos experiências neste contexto, podemos entender com precisão a importância de ser paciente e fazer disso uma prática vital para a manutenção da saúde. Através da autoconsciência, este princípio pode ser assimilado de forma poderosa e enriquecedora.

E o que fazer para trabalhar a paciência?

1. Autoconsciência

Conheça a si mesmo, direcione os seus pensamentos e ouça o seu corpo.

Pensamentos que podem surgir em nossa mente de forma mal interpretada enfatizando mais o lado negativo da situação do que o lado positivo; saber quais pensamentos precedem explosões emocionais ou crises de impaciência pode ajudá-lo a antecipar essas reações e evitá-las. Quando estamos irritados e impacientes, os pensamentos em nossa mente alteram o nosso estado emocional, fazendo o coração bater mais rápido, ter tensão muscular, a mandíbula travar e saber identificar esses sentimentos pode ajudá-lo a reconhecer e evitar a impaciência.

Aceitação

Como a paciência se refere à tolerância das adversidades, aceitar que as relações sociais, as metas pessoais e a realização têm momentos, sentimentos e pensamentos desagradáveis, pode ajudá-lo a administrá-los.

Se aceitarmos que essas situações desagradáveis fazem parte de um processo e que são transitórias, assim como as agradáveis, poderemos ter mais paciência para suportá-las, mas isso não significa que devemos amar esses momentos, significa apenas que requer de nós aceitar que eles existem e fazem parte de nossas vidas.

Meditação

A meditação da atenção plena concentra-se na impermanência de nossas experiências e na observação de nossas experiências internas (pensamentos e sentimentos) sem julgamento. Uma prática regular de meditação ajuda você a desenvolver paciência, a identificar e aceitar seus sentimentos e pensamentos e processá-los de maneira diferente.

Relaxamento e respiração

Exercícios de relaxamento e respiração ajudam a reduzir as sensações fisiológicas acumuladas pelo nosso estado emocional de raiva, irritação e estresse, que levam à impaciência; usar esses recursos durante momentos de alta intensidade emocional ajuda a regular essa experiência.

Dar um tempo

Muitas vezes, é quando estamos frustrados ou com raiva que precisamos pausar. Significa afastar-se da situação notando os sinais de alerta de que estamos prestes a perder a paciência. Isso ajuda a recuperar o controle de si mesmo e da situação. A pausa pode ser curta ou longa, mas não deve ser usada para evitar a situação, mas sim, para olhar a situação por um novo ângulo e pensar em uma forma de resolvê-la.

Organize-se

Usar etapas para resolver problemas e tomar decisões, estabelecer metas realistas, antecipar consequências e identificar diferentes soluções, pode nos ajudar a entender o processo como um todo, preparando-nos para momentos desagradáveis ou difíceis e a melhor maneira de lidar com eles, nos ajudando a nos concentrar na solução e não no problema em si.

Desenvolva habilidades sociais

Situações sociais geralmente exigem paciência: ser assertivo, saber expressar com eficácia as próprias necessidades e caprichos, sem ser agressivo ou submisso à vontade dos outros; ser empático, colocando-se no lugar do outro. Essas podem ser aptidões que promovem a paciência e usar essas habilidades te ajudará a compreender a outra pessoa, o que faz com que muitos conflitos sejam resolvidos.

Aprenda com seus erros

Ao longo de sua jornada, você cometerá enganos. É inevitável, mas o importante é aprender com eles e seguir em frente. Aprenda com a experiência e deixe-a crescer. Às vezes, pode parecer que não estamos indo a lugar nenhum, mas se você persistir, alcançará seu objetivo. Não importa quanto tempo leve a jornada, apenas continue!

Aproveite o momento presente

A melhor coisa que você pode fazer é aproveitar o agora. Não viva no passado e nem no futuro, aproveite agora e curta o momento. Aproveite as pequenas coisas e as grandes coisas, sendo grato pelo que você já tem.

A vida pode ser difícil, às vezes, e pode ser difícil saber o que fazer. Ter paciência é ter esperança, é não desistir, é continuar lutando, pois é uma das chaves para sermos bem-sucedidos e alcançarmos nossos objetivos, superando as dificuldades, mantendo a perspectiva correta da vida, com mais saúde, e para sermos verdadeiramente felizes é preciso termos paciência.

"

A prática da espera significa que não precisamos nos preocupar com um futuro incerto, temos que fazer a nossa parte e acreditar nas recompensas que iremos colher.

GEIZEBEL MELO

Janaína Ghioto

Janaína é cristã, esposa do tributarista Elcio Ghioto, mãe de Matheus e Ronaldo.

Master Coach, analista comportamental e sócia da Ghioto Treinamentos e Negócios Digitais.

Criadora do Movimento Mulher Protagonista que conecta mulheres que desejam despertar o seu melhor em todas as áreas da vida.

Advogada por Formação, pós-graduada em Direito Empresarial pela FGV e MBA em Gestão Empresarial Estratégica pela FUNDACE. Possui mais de 1.600 horas em treinamentos e mais de 10 anos de experiência gerencial em entidades de classe e lideranças empresariais.

janainacghioto
mulherprotagonista_oficial
janainac.ghioto@gmail.com

13 GESTÃO DE PESSOAS

Por Janaína Ghioto

Começo este capítulo fazendo três perguntas para você, que me fiz anos atrás: Como serão os gestores do futuro? Você está preparado para gerenciar as novas gerações agora e daqui há dez anos? Já parou para pensar se você tem as competências certas para liderar em um mundo completamente novo e acelerado?

Foi devido a estes questionamentos que decidi iniciar minha jornada de desenvolvimento pessoal. Veja só, quando interrompi minha vida profissional para vivenciar a maternidade em tempo integral, meu grande receio não era quando eu voltaria ao mercado de trabalho, mas como eu voltaria, tendo a visão de um novo mundo se formando a minha frente e vendo não somente a mudança de comportamento das pessoas diante deste novo cenário, mas também a minha.

Além disso, gerir pessoas nunca foi e é uma tarefa fácil. Estabelecer relações harmoniosas com os outros e ajudá-las a crescerem e a se desenvolverem exige muito "jogo de cintura". Atualmente, 63% de insatisfação no trabalho são atribuídos a problemas de relacionamentos, 87% das organizações demitem profissionais por razão de seus comportamentos, 80% do turnover mundial está relacionado a erro de contratação e apenas 20% dos profissionais acreditam que exploram o seu melhor nas organizações. Então, eu te pergunto: qual o nosso papel diante destes dados?

Quando paro para pensar nos meus maiores desafios profissionais, entendo que todos foram causados por eu não conhecer a mim mesma. Errei muito, comecei e não terminei muitos projetos, perdi pessoas incríveis ao meu redor, muito por falta de conhecimento que me impedia de conhecer o outro verdadeiramente e com profundidade. Por isso, afirmo que para você saber gerenciar as pessoas, precisará conhecer muito bem a si mesmo. O ponto de partida está no autoconhecimento. A partir de si é que vem a compreensão do outro. E a partir do entendimento do outro é que você entenderá de negócios.

Portanto, este capítulo é sobre você. Sim, sobre você.

Nestes próximos parágrafos te apresentarei brevemente parte do que aprendi nos meus estudos de performance e comportamento humano, dividido em quatro passos essenciais para você ter sucesso em seus relacionamentos, não somente profissionais, mas também familiares e sociais.

Passo 1 - Compreenda as diferenças e divergências

Parto do princípio que somos seres únicos. Cada indivíduo tem sua particularidade, aprendizados, perfis e experiências. Isso já faz com que nossa missão aqui seja grande, pois temos que olhar para estas diferenças com amor, preservando a individualidade de cada um e pensando no bem comum.

Diante disso, participando de uma das formações na FEBRACIS, conheci o melhor ***software*** de análise de perfil comportamental do mercado, que tem ajudado não apenas a transformar as minhas relações, mas também as pessoas que me procuram pelo meu trabalho. Foi a partir dali que comecei a entender as diferenças, comecei a cultivar o amor próprio e admirar ainda mais as pessoas ao meu redor, tanto em meu convívio familiar, como social e profissional.

Quando olhamos esse cenário dentro das empresas, observamos que existem pessoas de diferentes tipos de personalidade. Algumas mais comunicativas, outras mais introvertidos. Outras que gostam de ambientes mais reservados e outras exigentes demais. Ainda aqueles que gostam de dar ordens e que tudo seja feito da maneira dele. Sem contar aqueles tranquilos, calmos e demorados para tomarem uma decisão. Pois então, é diante desta diversidade que surgem os conflitos, apontamento de dedos, falta de responsabilidade, o que impacta na efetividade do negócio e na gestão do líder.

Em uma das minhas experiências, atendi uma empresária com diversos problemas de relacionamentos interpessoais, que afetava diretamente a performance da equipe. Ao analisar todo o contexto, a primeira ação proposta foi uma análise de perfil da empresária e de suas gestoras. Posteriormente, analisamos toda a equipe. Observou-se que o perfil de algumas funcionárias não era peculiar ao cargo ocupado e que as suas melhores performances seriam em outro cargo. Fizemos uma "dança de cadeiras" e potencializamos a competência de cada uma através de um plano individual de desenvolvimento. Em paralelo, a empresária iniciou um processo de autoconhecimento e desenvolvimento. Assim, os resultados e o crescimento de todos e da empresa começaram a surgir.

Esse tipo de situação é mais comum do que todos imaginam, pois o grande responsável pela maioria dos conflitos nos relacionamentos pessoais e profissionais é simplesmente a falta de conhecimento e compreensão das diferenças e diversidades de cada indivíduo. Lembre-se sempre: tudo envolve pessoas e o seu crescimento acontecerá quando você adquirir conhecimento de si mesmo para lidar com elas.

Passo 2 - Conheça os quatro perfis comportamentais

Em 1928, William Moulton Marston, doutor em Psicologia em Harvard, publicou o livro ***As emoções das pessoas normais***, em que explicava um método que proporcionava compreender o comportamento, o temperamento e a personalidade das pessoas, a Teoria DISC, cujas as iniciais em inglês formam a sigla da teoria: Dominance (dominância), Influence (influência), Steadiness (estabilidade), Conscientious (conformidade).

Já adianto a você, embora tenhamos um pouco de cada perfil, cada indivíduo apresenta predominância de um ou dois deles. Assim, entender as características atribuídas a cada perfil nos permite entender como elas agem, como tomam decisões e até o que as faz levantar todas as manhãs. Ter o conhecimento destas informações é, simplesmente libertador. Em resumo, vou te apresentar cada um destes perfis:

Perfil Dominante: pessoas que gostam de desafios e são focadas em resultados e objetivos. Buscam autonomia e precisam dela para performar bem, além de serem visionários. Sentem-se confortáveis em assumir posições de liderança, além de lidarem bem com pressão e ritmo acelerado.

Perfil Influente: pessoas que gostam de fazer parte de grupos e possuem a necessidade de desenvolverem novos relacionamentos. Possuem fortemente a capacidade de persuasão e de comunicação, contando com sua rede de contatos para alcançar seus objetivos. Buscam formas criativas de fazer as coisas, são muito otimistas e tem facilidade de expressar as suas emoções.

Perfil Estável: valorizam os relacionamentos, são calmos e tranquilos, gostam de ambientes harmônicos e têm a capacidade de apaziguar conflitos. São muito resistentes às mudanças e preferem o trabalho em grupo para que possam decidir coletivamente.

Perfil Conforme: buscam seguir regras e procedimentos para garantir a exatidão. Possuem forte tendência ao perfeccionismo, podendo ser centralizadores de tarefas, além de um grau de exigência muito elevados, tanto consigo como com os outros.

Imagino que você, após conhecer este resumo dos perfis comportamentais, já esteja se aproximando de si mesmo e identificando em sua rede de relacionamentos os perfis de cada um. Agora, imagine como seriam seus resultados pessoais e profissionais se você conhecesse mais a fundo, não somente estes quatro padrões comportamentais, mas também os tipos psicológicos e valores, entendendo o que os motiva e ainda soubesse como se comunicar com cada um de maneira mais profunda e eficaz?

Passo 3 - Identifique as convicções e modelos

Você está aqui, neste momento, lendo este capítulo devido a uma escolha e esta escolha foi motivada pelas suas convicções, que definem quem você é e o que você faz, incluindo a forma como você avalia os outros. Tudo isso é reflexo de sua infância.

Permita-me te explicar usando uma metáfora: você nasce como uma folha em branco e nos primeiros anos de vida aprende coisas, modela pessoas, ouve, sente e experimenta momentos, positivos ou negativos, que serão como "carimbos" nesta folha em branco que é você. Essa soma de aprendizados, modelos e experiências é que determinarão como você vai lidar consigo, com os outros e com o mundo. E mais, isso irá determinar os seus resultados na vida adulta.

Portanto, cada pessoa passou de forma diferente por este processo de aprendizagem e experiência que as transformaram no que são hoje. Por isso, além de conhecermos o padrão de comportamento, precisamos conhecer a história de vida; devemos abrir mão de nossas próprias convicções e olharmos a vida do outro através da própria ótica dele, para compreendermos melhor as pessoas e seus comportamentos.

Passo 4 - Produza emoções inteligentes

Conhecer e compreender estes 3 primeiros passos ainda não é suficiente para você ter efetividade em suas relações humanas. O que irá garantir o seu crescimento e sucesso, será a sua capacidade de lidar de forma profunda com as suas próprias emoções, mas também com as emoções dos outros.

Gestores que desenvolvem a capacidade de produzir emoções inteligentes conseguem ser flexíveis a cada ambiente e entenderem as necessidades de cada um, de acordo com cada situação. Esta habilidade é extremamente importante para construir relações harmoniosas, duradouras e positivas, além de desenvolver, não somente uma carreira próspera, mas equilíbrio e qualidade de vida em todas as áreas. Por isso, tenha sempre em mente que a sua inteligência emocional será o seu maior diferencial.

Convite para você

Neste capítulo, reuni informações e passos valiosos que me ajudaram e acredito que também farão a diferença na sua jornada de crescimento. Contudo, o meu convite é para que, a partir de hoje, você coloque o seu conhecimento em prática, compreendendo e gerindo com amor a si mesmo e aos outros, aprimorando seus relacionamentos e descobrindo o potencial de cada um ao seu redor.

Aproveito esta oportunidade para disponibilizar a você, leitor, uma versão simplificada e gratuita que chamamos de "análise de degustação" do seu perfil comportamental. Entre em contato comigo pelo direct do Instagram e solicite o seu, gratuitamente.

Invista em você e permita-se crescer e fazer acontecer em todas as áreas de sua vida.

"

Tudo envolve pessoas e o seu crescimento acontecerá quando você adquirir conhecimento de si mesmo para lidar com elas.

JANAÍNA GHIOTO

Jocely Ferro

Eu sou Jocely Ferro, administradora, especialista em recursos humanos, analista comportamental, *coach* de vida e performance, empreendedora, determinada, resiliente e com uma fé gigante em Deus. Movida por desafios, venho fazendo minha trajetória de evolução no contexto pessoal, profissional e espiritual.

Sou insaciável por conhecimento e tenho uma lista de sonhos para alcançar. Escrever um livro, um capitulo que fosse, era quase utopia, julgava ser uma realidade muito distante. No entanto, esse desejo sempre esteve guardado em meu coração. Por isso, continuarei nessa busca infinita pelo conhecimento, na certeza de que precisamos aprender algo novo todos os dias.

jocelyferro
(82) 99909-1924
jfconsultoriaecoaching@gmail.com
jocelyferro

14 Produtividade

Por Jocely Ferro

Para falar de produtividade, é preciso contextualizarmos a gestão do tempo, pois essa relação tem ligação direta com a produtividade. Em que consiste a gestão do tempo? Pode-se pensar em controle, administração, mas na verdade, fazer o gerenciamento do tempo consiste no ato de planejar, organizar e realizar as suas atividades de maneira que gere resultados e até a construção de novos hábitos.

Discorrer sobre o tema produtividade, nesse momento, tem sido um grande presente, porque o contexto vivenciado por mim nesse período tem exigido exatamente isso. Escolhi fazer a transição de carreira com projetos ainda em fase embrionária, fazendo-se necessária a gestão do tempo, planejando as ações para realizar as entregas demandadas pelos clientes e a minha vida pessoal, ajustando a agenda para absorver outras ações que porventura chegassem e acreditem, elas não param.

O sentimento de subutilização e improdutividade era constante no ambiente empresarial ao qual eu estava inserida e, ao mesmo tempo, sentia a sobrecarga de trabalho por não ter tempo suficiente para as atividades do meu escritório. Trabalhava em uma empresa privada onde 200 horas mensais do meu tempo eram direcionadas para ela e apenas 56 horas mensais era o que tinha disponível para o meu negócio, pouco mais de uma semana de trabalho por mês, era o que eu tinha para focar na minha empresa.

Isso começou a me inquietar diariamente, eu fazia a análise do cenário e não me enxergava mais fazendo parte daquele formato da empresa que atuava, não me sentia pertencente. Então, fiz a seguinte reflexão: quando o meu escritório estiver faturando o que eu recebo como empregada CLT, será a hora de pedir demissão, porque não faz sentido eu trabalhar essa quantidade de horas para uma empresa e, em contrapartida, investir menos tempo no meu escritório e o faturamento ser o mesmo. Imagine se eu direcionar o meu tempo de trabalho 100% para a minha empresa, ela irá prosperar muito mais.

No decorrer de 2022, as coisas engatinhavam, mas não conforme a minha projeção e deu-se início a um conflito na minha cabeça e eu percebi que era chegada a hora de tomar uma decisão e partir para a próxima fase. Eu já não estava conseguindo absorver as demandas do escritório como gostaria e não produzia o que poderia na empresa, porque também não estava feliz, mas assim como qualquer decisão, escolher dar o próximo passo não foi tarefa fácil. Foi preciso enfrentar alguns inimigos ocultos que pousavam na minha mente:

Zona de conforto – Por mais que eu já não estivesse feliz, o novo desperta um mal-estar, é sair do seu habitat seguro e enfrentar o desconhecido. O nosso cérebro é preguiçoso, ele não gosta de gastar energia, se vai gerar algum esforço, ele prontamente vai tentar ficar quieto e começamos um outro processo.

Autossabotagem – Criamos um turbilhão de desculpas: "Não é a hora", "Não estou pronta", "O trabalho não ficou bom", "E se não der certo?", "E se eu me arrepender?", "E se as pessoas não comprarem o meu produto?", esses são alguns exemplos que, no decorrer do tempo, nos deparamos e por vezes não percebemos o que estamos fazendo com nós mesmos.

Medo – Tudo que é novidade e que é desafiador, assusta. Sair da caixinha que estamos habituados gera um receio, coloca em dúvida se realmente é o caminho. Mas o que precisa ser feito é o seguinte questionamento: quais resultados eu espero com essa ação? E com as respostas, direcionar o foco. Vai com medo mesmo, planeje, defina as estratégias e siga adiante.

Recomece – Sempre que necessário, faça-o. Recomeçar não é sinônimo de fracasso, mas sim, de busca por evolução, desenvolvimento e aperfeiçoamento. Tenha coragem! Sim, a coragem é agir com o coração na direção daquilo que desejamos.

Fui me preparando emocionalmente, me fortalecendo para as dificuldades que aquele novo momento me aguardava e então, eu virei a chave e foquei no meu propósito que já estava muito claro na minha vida.

Escolher deixar ir tudo aquilo que, de alguma forma, pode ser âncora na vida, buscar a melhor versão, aquela que faz sentido para você, ter coragem para viver o seu propósito (porque gente feliz produz mais), desenvolver o seu trabalho com mais qualidade e fazer aquilo que ama, é transformador. Sabe a frase clichê "Faça o que ama e você não irá trabalhar nenhum um dia sequer na vida?" É isso! Sabe por quê? Os desafios diários tornam-se mais leves, as atividades são desenvolvidas com mais facilidade, sem o peso de estar fazendo algo por obrigação.

Logo, precisamos entender ***o tempo*** como um recurso escasso e de extrema importância, que deve ser investido de forma hábil e inteligente. Tomando por essa perspectiva, fazer a gestão do tempo envolve os aspectos: espiritual, familiar, relacionamento conjugal, saúde e bem-estar, social e lazer, financeiro, profissional, desenvolvimento pessoal, realização e propósito e equilíbrio emocional. Ou seja, não é tarefa fácil encontrar o meio termo para todos esses pilares, é um super desafio, gerenciar tempo com qualidade e gerar produtividade.

Contextualizando a produtividade

Ao falarmos de produtividade, logo vem à mente a quantidade de coisas que uma pessoa consegue executar durante um dia. No entanto, isso pode ser facilmente confundido com ocupação. O tempo é igual para todo mundo, o dia tem vinte e quatro horas, mas a sensação é de que para uns o dia rende mais do que para outros, não é verdade? Equilibrar os pilares da sua vida e como você faz a gestão das suas tarefas é que vai definir a sua produtividade e esta é o trampolim para a realização de objetivos com mais eficiência.

Produtividade envolve cuidar, não apenas do seu trabalho, mas também de você de maneira integral; é a capacidade de produção em um determinado período, utilizando três fontes de energia: a **bio** (energia física) que conseguimos através da alimentação, do sono e de exercícios físicos; a **psico** (energia mental), que conseguimos através de estudos, segurança e estabilidade financeira e a **social** (energia emocional), que conseguimos através da família, amigos e momentos de lazer.

Fazer um diagnóstico de como você vem utilizando o seu tempo, avaliando quais aspectos estão demandando maior desgaste energético e quais são os principais desperdiçadores de tempo, buscar equilibrá-los, porque esses fatores terão influência direta na sua produtividade.

É interessante quando começamos a ter um outro olhar para o tempo, quando entendemos as minúcias de aproveitá-lo de forma eficiente, valorizando cada momento. Mas entendo que isso é um processo muito individualizado, a capacidade produtiva de cada um pode e é diferente; mas alguns aspectos não mudam, quando se refere a planejamento e organização no direcionamento dos objetivos e metas:

Organização - É o ato de organizar o espaço, as ideias + a ação. Por que a organização tem relação com a produtividade? Porque dessa forma é possível ter mais clareza das coisas, sendo possível desenvolver as estratégias necessárias e não esquecer de identificar e eliminar os desperdiçadores de tempo.

Determinação e foco - Quantas vezes você já usou a frase: "Amanhã eu faço"? Isso é muito comum, chama-se procrastinação e procrastinar é um hábito que acomete grande parte da população, sendo, muitas vezes, confundido com preguiça e falta de interesse. Deixar algo para depois pode lhe render uma lista de pendências, sobrecarregando a sua mente e afetando a sua produtividade.

Disciplina – Faça autogestão, comprometa-se com aquilo que você se desafiar e mantenha constância, porque é através do treino que os resultados começam a serem percebidos.

Construção ou substituição de hábitos utilizando os 3 D`s, que são três verbos que começam com a letra D:

- **Decidir** quais são as tarefas que realmente são importantes para serem realizadas no dia; faça uma lista de prioridades;
- **Dividir** as tarefas, determinando o prazo de cumprimento de cada atividade, estabelecendo tempo nas entregas;
- **Direcionar** as ações fazendo a análise dos resultados. Reavalie seu foco constantemente.

Entenda que tudo é construção e trilhar esse caminho só se faz caminhando; seguindo esses passos, consegui sair da minha zona de conforto e explorar a minha zona de expansão:

1 - Reconhecendo onde eu estava;

2 - Fazendo a analogia das estratégias de investimentos, diversificando meu portfólio e habilidades profissionais;

3 - Desafiando os meus limites;

4 - Redescobrindo paixões pessoais e me reconectando comigo mesmo, explorando áreas que julgava não serem importantes;

5 - Experimentando e me permitindo possibilidades de transição e aprendizagem para o crescimento e desenvolvimento pessoal, que se interpõem ao profissional.

Faça uma autoavaliação. Reformule as perguntas: "por que isso?" "Por que aquilo?" E questione-se: "por que não?" De que forma posso reformular a maneira como faço as coisas, quais resultados posso obter?

Seguir esses passos me ajudaram a pensar "fora da caixa" e a enxergar as novas possibilidades para o futuro. Algumas pessoas simplesmente acostumam-se com a sua posição, essas pessoas preferem não arriscar e permanecem sem buscar aquilo que desejam, muitas vezes por estarem aprisionadas às suas crenças. Mas, acredite, uma hora essa pessoa sairá da sua zona de conforto, quer ela queira ou não! O mundo mudou e continuará nesse processo de mudança, cada vez mais rápido e se você não se atentar, ficará defasado e a vida e o mercado não perdoam! Com isso, gostaria de deixar algumas reflexões, responda os questionamentos:

- O que é tempo para você?

- Quais são os seus maiores desperdiçadores de tempo?

- De que maneira você otimiza o seu tempo?

- Você faz o planejamento das atividade da semana?
- Você tem o hábito de anotar as atividades que serão desenvolvidas durante o dia?
- Quais são os próximos passos que você se predispõe para mudar a sua realidade?

Quer aprofundar seus conhecimentos sobre como anda sua gestão de tempo e produtividade e fazer o equilíbrio desses pilares?

Entra em contato por email: jfconsultoriaecoaching@gmail.com ou WhatsApp: (82) 99909-1024.

"

Defina suas prioridades. Use os três D´s: Decidir, Dividir e Direcionar, para auxiliar nesse processo de planejamento e organização, isso te ajudará a gerir seu tempo e aumentará sua produtividade.

Jocely Ferro

Juliana Prazeres

Meu nome é Juliana Prazeres, tenho 30 anos, sou pernambucana criada na Baixada Fluminense do Rio de Janeiro. Filha mais velha do "cabra da peste" João e da Maria Luziária, irmã de Bruno, Samuel e Izabela. Mãe das pets Jasmine e Ariel.

Sou *master coach*, analista de perfil comportamental formada pela FEBRACIS, tenho formação acadêmica em Educação Financeira, Gestão Financeira e sou pós-graduanda no MBA em Consultoria Financeira, Controladoria, *Compliance* & Restruturação de Negócios. Empresária, sou fundadora e atualmente CEO da *Fintech* MoneyTime.

Criatividade, *mindset* de crescimento, capacidade de superar obstáculos e obter sucesso em diversos cenários são meus hobbies mais prazerosos.

juliianaprazeres
moneytime.fintech

15 A VIRADA DE CHAVE EM MEU PROCESSO DE EVOLUÇÃO

Por Juliana Prazeres

Aos 14 anos, aprendi a fazer pulseiras de miçangas em uma oficina escolar. Foi assim que surgiu meu primeiro empreendimento. Em 2006, alguns meses depois, assisti meu pai, que era o único provedor da família, ser assassinado. Foi quando comecei, além das pulseiras, a vender sanduiches e bebidas nas praias, feiras e shows. Com minha mãe desempregada e meus irmãos pequenos, abandonei os estudos para ir em busca do nosso sustento. "Necessidade", essa foi a minha maior motivação naquela época. Sempre senti uma força maior que me fazia acreditar muito que aquelas circunstâncias não iriam definir o meu futuro.

Eu sabia que a educação é poder e era o que me levaria a alcançar lugares altos e sair de toda aquela situação. Então, fiz o supletivo do Ensino Médio, já depois dos 20 anos e continuei a trabalhar com vendas, mas me faltava muita base para lidar com o dinheiro. Após ter sucesso nas vendas, gastava tudo. Depois, como fazia para comprar as mercadorias para o dia seguinte? Precisava pedir emprestado para devolver após o trabalho e o que sobrava, ao invés de reinvestir em mercadorias, acabava gastando tudo novamente.

As pessoas até me emprestavam com facilidade, eu sempre honrava com o combinado, porém, por mais baixo que fosse o valor, eu vivia em um meio onde as pessoas nem sempre tinham para emprestar. Assim, eu acabava perdendo dias de trabalho. Anos foram se passando, os segmentos foram mudando, mas a minha relação com o dinheiro era sempre com as mesmas repetições: fatura - gasta - não reinveste - prejuízo. Eu tinha o desejo e a coragem de trabalhar para tornar minha vida diferente daquela realidade, mas me faltavam conhecimentos adequados para me desenvolver como dona de um negócio e arrastei essa debilidade até à fase adulta.

Em 2018, mesmo com todos os problemas financeiros, as coisas começaram a ficar mais sérias. Me encontrei no mercado de crédito e o meu negócio não era mais só uma "EUQUIPE", agora tinham colaboradores e o aluguel de uma sala comercial. Eu não podia simplesmente gastar tudo. Honrar com meus compromissos sempre foi inegociavél e só de imaginar que pudesse chegar o dia dos pagamentos e não ter dinheiro, aprendi a me policiar quanto aos gastos. Ainda assim, estava longe de ter um planejamento financeiro eficiente dentro do meu negócio. Meu pensamento era que ter um valor equivalente às contas de, aproximadamente, uns 2 meses já era o suficiente; o restante, eu gastava tudo, principalmente quando as vendas iam bem. Parecia uma pia com a torneira aberta, o dinheiro era como a água que caía e descia tooodo pelo ralo...

Saí de casa aos 15 anos, me envolvi em relacionamentos abusivos, dos quais tenho sequelas emocionais e físicas até hoje. O motivo de suportar tudo aquilo, era não ter condições de suprir sequer as minhas necessidades básicas. Então, quando minha vida financeira saiu da água suja de esgoto e foi para o vinho da Borgonha, eu quis desfrutar ao máximo, afinal, agora tinha o dinheiro que me faltava para realizar aqueles sonhos que passei anos pedindo a Deus em oração.

Viajei pela primeira vez e amei! Logo, já tinha perdido as contas de tantas viagens. Quando fui ao supermercado e percebi que podia, finalmente, comprar vários pacotes de queijos, tive a certeza que venci na vida, não precisava mais contar moedas ou escolher os mais baratos. Agora não tinha mais a minha mãe dizendo "na volta a gente compra", em frente às vitrines de roupas. Escolhi um dos melhores cirurgiões plásticos e mandei colocar AQUELE sonhado silicone, aproveitei e fiz uma "lipozinha". Também comecei a frequentar restaurantes pelo que eu queria comer e não pelo que o dinheiro dava. Fui conhecer todos os restaurantes dos ***master chefs*** e fiz aqueles pratos saírem da tv para a minha mesa. Não me arrependo de nada disso, na verdade, eu nasci pra viver tudo isso e muito mais, só deveria ter feito tudo sem ser com o dinheiro que eu "roubava" do meu negócio.

Em 2020, quando foi anunciada a pandemia de COVID-19 e o ***lockdown***, fui pega totalmente de surpresa, eu estava viajando e, nos meus planos, só voltaria após 2 meses. Logo retornei. Com desespero intenso, preocupada de que tudo viesse a desmoronar. Foi quando percebi que precisava me dedicar, levar mais a sério o meu negócio e vi o quão importante era ter uma reserva. Por pura sorte, 7 meses antes da pandemia, o meu gerente do banco tinha me oferecido uma previdência privada, que hoje sei que não é um dos melhores investimentos, mas que me salvou. Aquele valor me ajudou a manter o salário da equipe e o aluguel, por um tempo. Lembro que me comprometi com um valor alto, para valer a pena na hora de resgatar e, de fato, valeu muito.

Me vi naquela pergunta clichê, mas de muita importância: **"Se a partir de hoje você não recebesse mais o seu ganho mensal, por quanto tempo conseguiria manter seu atual padrão de vida?"** Junto com a pergunta, eu já tinha a resposta. Se não fosse aquele valor que resgatei da previdência, eu estaria ferrada! E mesmo o que eu tinha, não daria para muito tempo. Se eu continuasse com aqueles comportamentos, logo minha empresa deixaria de existir, pois se o meu negócio não estava crescendo, estava morrendo! Para que minha empresa pudesse ter "muitos anos de vida", seria necessário mais que a ***vontade e coragem***, que foram os meus pilares quando ainda era uma menina.

Estudando, fui aprendendo que empreender não era só colocar em prática a oficina aprendida na escola, era preciso: CONHECIMENTO - PLANEJAMENTO - GESTÃO DE PESSOAS - NETWORK - PESQUISA DE MERCADO – TECNOLOGIAS – METAS, entre outros. E claro, o que tive mais dificuldade foi a GESTÃO FINANCEIRA. Só o dinheiro não é a finalidade de um negócio, porém, é preciso levar em consideração que sem ele não é possível que a empresa se mantenha de pé. Com todo desespero que passei durante o início da pandemia, tomei a decisão de entender mais de finanças. Lembrei de toda dificuldade passada quando mais nova e que não queria voltar para aquela situação.

Então, quando essa avalanche veio sobre mim, virei a chave e maratonei alguns cursos, vídeos, livros, me matriculei na faculdade e fui fazer graduação em Gestão Financeira e Educação Financeira, uma ciência humana que desenvolve comportamentos, hábitos e sonhos, objetivando a construção de um modelo mental de equilíbrio entre o ser, fazer e manter, com escolhas conscientes. Fui em busca de mais conhecimento sobre desenvolvimento humano, inteligência emocional, PNL, tudo que me ajudasse a desenvolver, crescer e entender minhas emoções, pois não eram somente números e sim, comportamentos.

Quando mais nova, tanto em casa quanto na escola, não aprendi a lidar com o dinheiro, mas tomei a decisão de assumir as finanças da minha vida de forma responsável, constante e duradoura. Eu estava decidida a treinar até me tornar perita na área, para mudar a minha vida e ajudar pessoas. Me tornei obcecada em aprender!!!

Com isso, apliquei ***dez conceitos básicos, simples e eficazes, que impulsionaram o desenvolvimento do meu negócio***, me trazendo segurança e crescimento para minha empresa:

Entender que o dinheiro que circulava em minhas contas não era meu, logo corri e abri uma conta jurídica para fazer essa separação.

Separar um salário e viver dele, na linguagem mais formal, de acordo com a Gestação Financeira, o PRO-LABORE. Minhas despesas pessoais não poderiam mais ser pagas com recursos que não eram meus, não dava mais para assaltar a minha própria empresa.

Análise de custos: registrar, organizar e planejar. Assim foi possível identificar, cortar gastos desnecessários e criar ações. Acompanho e revisto, periodicamente, todo o plano financeiro e realizo ajustes quan'do necessário.

Estabelecer metas viáveis, entre elas, aumentar o faturamento da empresa, o limite máximo de custos e despesas, possibilidades de investimentos e lucro esperado. E assim, atingir os objetivos estabelecidos.

Delegar. Foi muito importante entender as atividades que eu possuía, ordenar e definir as prioridades. Confesso que depois de ter o financeiro da empresa organizado, delegar foi o que mais me deu alívio e liberdade. Foi necessário me despir do sentimento de "só eu sei fazer bem", passei a ser muito mais produtiva depois disso. Tempo é dinheiro!

Atitude de dono. Passei a me responsabilizar, verdadeiramente, por CUIDAR, DIRECIONAR, IMPLEMENTAR, ELABORAR e CONDUZIR as estratégias, visão e missão da empresa.

Mentorias e Cursos. "Por falta de conhecimento o povo padece". É extremamente importante investir parte do lucro em conhecimento. Com isso, acelerei muito os meus resultados, passei a ter visão de águia, enxergando furos em meu negócio e conseguindo ter uma perspectiva de como solucioná-los. Meu time e eu fazemos sempre cursos, mentorias, treinamentos no nosso segmento e em desenvolvimento pessoal, afinal, por traz de um CNPJ, existem vários CPF's, inclusive o meu.

Reserva de segurança de seis meses das despesas totais da empresa. Nesse valor eu só mexo em caso extremo, e logo reponho.

Separar como primícias 10% de tudo o que entra, finjo que esse dinheiro nem existe. Podem acreditar, já aconteceu da empresa não poder custear boas oportunidades e lá nas primícias ter uma boa quantia e eu não precisar fazer uso do recurso da reserva de segurança.

Seguro de vida resgatável. Como empreendedora, se alguma eventualidade me acontecer, o seguro me dá a segurança de, em caso de invalidez ou uma doença grave, receber um bom dinheiro, que me manterá no mesmo padrão que vivo hoje, entre outros benefícios.

Com essas mudanças, hoje tenho um planejamento financeiro coerente, organizado e sólido, conseguindo, assim, manter a saúde da minha empresa e o meu padrão de vida. Me sinto muito mais segura, tranquila e preparada para qualquer mudança que venha acontecer.

Para que, assim como eu, você tome as rédeas da sua vida financeira, preparei, querido(a) leitor(a), um presente especial! Me chama agora no direct do Instagram com a frase: "Quero meu presente!"

"

Tome consciência sobre as emoções que o dinheiro te desperta e você conseguirá manter o controle e equilíbrio entre razão e emoção na hora de tomar decisões e fazer escolhas.

Juliana Prazeres

Karen Batista

Filha única de Elen Karlene e Enilton Carlos. Nascida no interior do Tocantins, natural de Araguaína. Católica. Jurista. Especialista. Graduada em Direito pela Faculdade Católica Dom Orione. Pós-graduada em Comunicação Jurídica (Português Jurídico/*Media Training*) e Direito Processual Civil. Assessora Jurídica e supervisora de estágio da 3ª Vara Cível – TJTO – Fórum da Comarca de Araguaína. Apaixonada pelo Direito Processual Civil. Professora e mentora de Comunicação Jurídica e Prática Civil. Escritora. Palestrante. Amante da linguagem e da comunicação. Determinada, executora, carismática, amorosa e doce.

profkarenbatista

contato@karenbatista.com.br

www.karenbatista.com.br

(63) 99278-2772

16 AUTOMOTIVAÇÃO

Por Karen Batista

Imagine com toda a sua criatividade uma bela mulher de 24 anos, trajada com uma linda calça pantalona na cor preta, uma blusa preta gola alta, um blazer preto alinhadíssimo com botões na cor dourada, um ***scarpin*** invejável de bico fino, uma bolsa de marca, óculos escuros da estação e na sua mão direita ostentando lindos anéis com as iniciais de seu nome. Enfim, uma mulher bem-sucedida, formada em Direito e com duas pós-graduações. Servidora Pública do Tribunal de Justiça do seu estado, professora de Português Jurídico e cursinho para OAB, autoridade na profissão, amada e amável, 2 carros na garagem, uma casa dos sonhos toda planejada com piscina em um dos bairros nobres da cidade, a qual deu de presente aos seus pais. Enfim, uma linda mulher de APENAS 24 ANOS! Essa pessoa existe... e **ela sou eu**!

Agora, em contraponto, com toda sua engenhosidade também, imagine uma estagiária nascida em parco berço. Vestida com uma calça jeans azul comprada em bazar, uma camiseta branca da faculdade, sapatilhas doadas, mochila nas costas e livros emprestados. Uma singela menina, morando em uma comunidade humilde e à margem da violência, estudando em escola pública, ingressando na faculdade por meio de uma bolsa de estudos, só comprando roupas e sapatos de bazares e, ao completar 18 anos, o único trabalho que conseguiu arrumar foi um estágio voluntário, no qual – sem transporte – tinha que andar a pé por 2h para trabalhar de graça, sem contar nas inúmeras vezes que pulava refeições por não ter dinheiro suficiente para alimentar-se fora de casa. Essa pessoa existe... e **ela era eu!**

Quer saber como consegui me tornar a pessoa lá do primeiro parágrafo? Se sim, pegue na minha mão agora, porque eu não vou soltar a sua até a última linha deste capítulo e prometo que até o fim vou te revelar tudo o que fiz para me tornar uma profissional de sucesso. Mais ainda, vou te provar que é possível ter sucesso, mesmo saindo de uma condição não tão favorável, sem importar qual profissão é a sua. Para isso, preciso que faça dois compromissos comigo:

1- Eu vou contar a minha história, mas quero que você olhe para a sua;

2- Aqui não é um capítulo de motivação, mas de **automotivação**. Portanto, com toda verdade, coragem e humildade, preciso da sua entrega pessoal nas próximas linhas para que você consiga alcançar o propósito deste livro.

Automotivação, facilmente achada na internet como "a capacidade que você tem de buscar em você mesmo motivos ou estímulos para alcançar seus objetivos". Mas, para mim, automotivação é **fazer hoje mais do que se ganha, para amanhã ganhar mais do que se faz.**

E você vai entender isso neste exato momento.

Estude até se tornar

Eu tinha 18 anos, acadêmica bolsista de Direito. Precisava ajudar nas despesas de casa, mas o único emprego que arrumei... não era emprego. Era um estágio voluntário! Encarei porque eu tinha duas certezas ali: que era a chance da minha vida e que o meu sucesso profissional só dependia de mim mesma - a tal da automotivação.

A estagiária aqui pouco sabia da teoria e menos ainda da prática. Só que desenvolvi meu próprio método de aprendizado, tudo que eu via no estágio, eu estudava. Até chegar ao ponto o qual meu tirocínio foi dando lugar à minha excelência profissional de estagiária. E aqui está a 1ª matriz para tornar-se um profissional de sucesso:

1 – Estude a sua profissão

Se você já é um profissional na sua área, mas que não a estuda há algum tempo, tenho duas coisas a dizer-te: 1º - existe muito orgulho aí em achar que tudo já sabe; 2º - você está fadado ao fracasso, aposto que há anos exerce o mesmo cargo sem nenhum progresso profissional, financeiro e muito menos com prestígio. Logo irá soçobrar.

Se você é um novo profissional, mas que não tem a rotina de estudos da própria profissão, tenho duas coisas a dizer-te também: 1º- existe muito orgulho aí em achar que você vai prosperar só com o conhecimento que você já tem – o que você não tem é porque não conhece, se conhecesse, você já tinha conquistado; 2º- aposto que você tem o sentimento que merecia muito mais, monetariamente, pelo que faz hoje e isso lhe causa frustração.

A solução? Estudar até se tornar um excelente profissional! E estudar não é fazer simples pesquisas em livros ou fazer leituras de conteúdos em sítios quando bater uma dúvida. É literalmente sentar o bumbum na cadeira por no mínimo 1h, desligar o celular, desligar-se do mundo externo e estudar com afã o assunto proposto da sua profissão. Faça isso religiosamente por 1 ano, se seu salário não dobrar depois desse período, pode mandar um e-mail me xingando. Eu assumo esse compromisso por você e por mim.

Para ir ao estágio voluntário, eu caminhava todos os dias a pé por 2h. No sol quente. Nos dias de chuva, com um guarda-chuva quebrado.

"- Caminhar 2h para trabalhar de graça? Não vale nem o solado do sapato que tu gastas". Frequentemente eu escutava. Mas não era o suficiente para me desanimar.

Não faltava nenhum dia. Trabalhava mais do que me competia. Aprendia tudo e não reclamava de nada. Pelo contrário, sentia muito orgulho de dizer que era estagiária do fórum.

É aí que entra a automotivação – fazer hoje mais do que ganho, para amanhã ganhar mais do que eu faço. Mas não era fazer mais por fazer, se assim o fosse, seria muito fácil. Já que eu não ganhava remuneração alguma, qualquer coisa que eu fizesse já seria suficiente para fazer mais do que eu ganhava (zero reais).

O "fazer mais" estava vinculado, para mim, com o fazer mais e fazer excepcionalmente bem-feito. Eu criei uma frase que regeu toda a minha constância nos anos de trabalho voluntário e aqui revelo a 2ª matriz para o seu sucesso profissional:

2 – Não seja bom, seja excepcional

Eu fiz um compromisso comigo mesma de fazer infinitamente melhor do que me era proposto fazer e não tinha como dar errado. Não deu errado. Quer ter sucesso profissional? Não seja bom, seja excepcional! Faça bem-feito tudo o que chegar em suas mãos, transborde muito amor em cada tarefa que lhe é confiada e excepcionalmente deixe o seu legado.

Santa Teresinha do Menino Jesus nos ensinou: "***Até para pegar um alfinete caído no chão, pegue-o com amor e isso produzirá em ti fruto de santidade***". Santidade significa "caráter sagrado/inviolável", então, não me venha dizer ser você um homem/mulher de caráter ilibado se, no mínimo, você não for um profissional de excelência. Mostra-me a excepcionalidade na sua profissão que eu te mostrarei o teu caráter inviolável – a tua santidade.

Ainda, por muito, eu escuto estar o mercado saturado e que já há muitas pessoas na área. Sim, há muita gente boa, mas não há pessoas excepcionais em sua profissão. O mercado está cheio de bons profissionais e sedento por profissionais quintessênticos.

Seja bom, que você será só mais um profissional. Seja excepcional, que você não saberá nem o significado da palavra concorrência.

Foi aqui que eu **CRESCI.**

Sentimento de dono

É comum você na função de estagiário, novato ou funcionário em experiência sentir-se na posição de rebaixamento. Como é aquela frase famosa? "O estagiário é primo primeiro do cachorro". Isso nunca me coube e peço que se você se encontra nessa mesma posição, repreenda e repugne agora essa sentença na sua vida profissional.

Eu tinha certeza de quem eu era, a ponto de transparecer isso a quem estava em minha volta. Depois de aplicar as matrizes anteriores, eu estava prestes a me tornar uma profissional, uma estagiária profissional.

O profissionalismo nasceu em mim após eu criar a 3ª matriz:

3 – Tenha o sentimento de dono

No mundo empresarial, esse termo é conhecido como ***ownership***, nada mais é que uma mentalidade e desejo de envolvimento com o negócio muito parecida com a visão que o próprio dono teria, melhorando suas práticas diárias e alcançando a alta performance profissional. "Mesmo" sendo estagiária, eu era a primeira a chegar e a última a sair. Eu me portava como servidora, sabia de cada detalhe daquele lugar, era líder, criava mecanismos de organização de trabalho e coordenava os novos estagiários. Para mim, a 3ª Vara Cível da Comarca de Araguaína era minha e eu me portava como tal. Foi aqui que fiz **ACONTECER.**

A recompensa da honra

Durante todo o meu estágio eu honrei tudo o que fiz. Honrei meus superiores, honrei a minha instituição, honrei meus colegas que me ensinavam com tanta dedicação e honrei cada processo judicial que passava pelas minhas mãos. O resultado não poderia ser outro, a não ser o da vitória. E aqui eu lhe forneço a matriz mais poderosa:

4 - Honre e será recompensado

Formei-me por antecipação para assumir o cargo público que eu estagiava voluntariamente. A estagiária, que em um mês nada ganhava monetariamente, em outro já contava com uma renda mensal superior a dez salários mínimos.

Toda honra é sempre recompensada. John Bevere afirma que se compreendermos o papel vital dessa virtude, com certeza atrairemos bênçãos sobre nossas vidas hoje e também para a eternidade. Para mim, isso é de uma genialidade sem tamanho. Honre o seu trabalho, não importa a função que exerça, que você será recompensado e em breve sua renda aumentará 10 vezes mais.

Você não precisa chegar ao fim do poço para buscar melhoras, basta contentar-se com essa vida medíocre – dentro da média – a qual está a viver para ter motivo suficiente para mudar o seu estado atual de vida. Uma história para ser bonita não precisa ser sofrida, mas precisa sair de uma inércia. A pior coisa que você pode ouvir de alguém é que tem potencial para algo. Se você tem potencial é porque tem a capacidade de viver algo extraordinário que ainda não está vivendo.

Qual é o seu potencial e o que está te impedindo de vivê-lo agora? O resultado das matrizes aqui apresentadas é proporcional ao seu esforço.

E por ter me honrado lendo até aqui, agora eu vou lhe recompensar. Acesse o QR Code abaixo e tenha acesso gratuito a uma matriz extra, bem como às ferramentas que eu usava para me manter firme no processo – livros, filmes, músicas e rotina matinal – e descubra lá a ORIGEM DA AUTOMOTIVAÇÃO.

"

Seja bom, que você será só mais um profissional. Seja excepcional, que você não saberá nem o significado da palavra concorrência.

Karen Batista

LEANDRO GOMES

Sou Leandro Gomes, pai de 3 filhos lindos: Giovanna, Mateus e Carolina, e casado com a mulher que me mostrou o caminho para atingir os meus maiores sonhos, a minha esposa Dani. Três palavras me definem: a primeira é "família", que representa um dos pilares da minha vida, a segunda é "trabalho" e a terceira é "conhecimento".

Formado em Administração, me especializei em Finanças e Controladoria e *Data Analytics* e, com uma vida dedicada à carreira corporativa, atuando há 20 anos em diversos segmentos.

Em 2020 iniciei uma jornada focado em transformar a vida de outras pessoas através do conhecimento e a aplicação de um método prático.

controladoriapratica
(11) 98433-1132
contato@leandro-gomes.com
controladoriapratica
Leandro Gomes

17 SER POLIVALENTE NAS FUNÇÕES

Por Leandro Gomes

Quando criança, eu era muito curioso em aprender, fui crescendo e tinha um perfil tímido e reservado, adorava desenhar e jogar bola na rua com os amigos. Morei em diferentes lugares, nos adaptávamos a tais mudanças, eu ia fazendo novas amizades e aprendendo a lidar com as novas situações, hoje vejo que isso me ajudou a me moldar em qualquer nova situação que apareça pela frente.

Conto isso porque enfrentar muitas mudanças - ainda mais quando muito jovem - pode ser difícil, mas te torna ainda mais preparado a longo prazo. Sabe o que isso me trouxe de positivo? Foi entender que a mudança nos traz muitas vantagens, ela nos fortalece, nos faz aprender outros ângulos e obter experiências que nos tornam ainda mais preparados para atingir grandes resultados em nossas vidas. No entanto, vejo que muitas pessoas não têm um fator preponderante em suas atuações, isso os tornam inertes ao que podem atingir de potencial em suas vidas ou carreiras. A falta desse fator pode, literalmente, paralisar os profissionais rumo ao caminho do sucesso e prosperidade pessoal.

Esse fator é a chave para você mudar o seu cenário ou ***status*** atual, mas fique tranquilo que vou detalhar tudinho daqui a pouco. Assim como mudei diversas vezes de residência, eu mudei algumas vezes de emprego, sempre conectando meus aprendizados com novas e melhores oportunidades e isso me fez literalmente decolar na carreira. No entanto, a cada empresa que atuei eu vi ótimos profissionais limitarem seus resultados porque tinham algum tipo de medo, alguma coisa não os deixava atuar no seu melhor ritmo ou os travava em atividades relativamente simples. Enquanto isso acontecia, eu enxergava as oportunidades para aprender e, sendo curioso, fazia perguntas que me levavam a desenvolver ainda mais confiança e protagonismo frente aos demais colegas de trabalho.

Chega a parecer que existe uma "trava invisível" nas pessoas que as impede de dar o próximo passo, de expor suas ideias, de oferecer apoio ou mesmo se tornar um parceiro para tentar fazer as coisas acontecerem, é como se cada pessoa tivesse receio de ser repreendido por tentar fazer coisas novas e, se errarem, serem as culpadas. E eu atuava de forma oposta a isso, sabe no que resultava? Em maior participação de novos projetos e atividades, maior exposição e, naturalmente, mais oportunidades para mostrar o meu trabalho. Adquiri a habilidade de ser um profissional polivalente nas funções que atuo e vou explicar cada passo desse "fator polivalente" para você adquirir isso da forma certa e conquistar muitos resultados.

Sem perceber, identifiquei que, ao longo dos anos, o que fazia me sentir vivo e realizado era a condição de estar no processo de aprendizado contínuo, conhecer novos ambientes, pessoas e perspectivas que me trouxessem mais conhecimento prático para fazer as coisas acontecerem e transformar ideias em resultados concretos, em diferentes cenários. Você precisa se "destravar", essa trava nos bloqueia quando somos jovens ou mesmo quando ficamos muito tempo em uma zona de conforto.

Para se tornar polivalente em suas funções você deve seguir 5 passos simples e de muito impacto:

Organização e planejamento: Sem o controle daquilo que precisa estar no foco da sua atuação, você perde energia e tempo e não consegue exterminar um problema ou transformá-lo em uma solução.

Escute com atenção antes de falar: Não aja por impulso, seja atento aos detalhes, processe o que está recebendo, seja do diretor ao estagiário, anote e reflita, crie o seu processo de identificação de onde a causa-raiz do problema se origina.

Visão analítica: Antes de propor algo, reserve 15 a 30 minutos para analisar o que está à sua frente, quais as possibilidades, qual o cenário atual, como isso poderá impactar a continuidade da tarefa ou atividade em questão (é como jogar uma partida de xadrez).

Flexibilidade: Propor algo novo ou diferente requer resiliência de receber vários "nãos" e seguir em frente de forma inabalável com a mesma energia e motivação. Não desista na primeira tentativa ruim e nem na vigésima, siga em frente e confie no processo.

Execução objetiva: Não fique dourando a pílula, faça o melhor que pode com tudo o que têm. É durante a caminhada que encontramos mais ferramentas que nos ajudam a continuar. Se nem começar, nunca será impactado por novas experiências. Errar é a parte mais importante do processo, pois você aprende duas vezes e reavalia o seu plano.

Quer ser polivalente? Então tenha "atitude de ação" em ajudar as pessoas. Deixe de ser o profissional que somente preenche planilhas, participe de discussões e reuniões de tomada de decisão, se envolva nos assuntos, busque se aprofundar no negócio, mapear potenciais riscos e oportunidades e buscar domínio do que está acontecendo.

Não basta entregar um fluxo de caixa atualizado e não procurar saber como isso impacta no negócio, atualizar um indicador (KPI) - que nem sabe para que é utilizado em reuniões de apresentação de resultados, atualizar uma DRE (Demonstração de Resultados) e não saber qual foi a melhor linha de receita que trouxe o resultado, quais os melhores produtos ou serviços em relação à rentabilidade. Saber quais são os melhores clientes, quais custos estão em linha com o plano orçamentário e se o percentual de despesas administrativas (SG&A) está em um nível saudável quando aplicada uma análise vertical nas principais linhas de uma DRE. Olhar um projeto aprovado de viabilidade econômica (Capex) e entender como os efeitos do retorno desse investimento irá impactar o caixa da empresa.

Por fim, é saber conduzir reuniões com os departamentos, antecipar análises de projeções e desvios orçamentários que irão causar muito desconforto nas reuniões mais estratégicas; é saber agir como um parceiro de negócio das áreas. Você precisa estar em movimento, com uma atitude colaborativa através do uso de ferramentas, acelerar o processo de análise e correção de rota na visão financeira, sugerir caminhos que tragam excelência operacional na execução dos processos internos.

Ser polivalente é ter a capacidade de executar e contribuir em diversas frentes de atuação, ser reconhecido como alguém que multiplica resultados por ter uma visão amplificada, antecipa problemas, e torna o complexo em simples e prático.

Invista na sua capacidade de entrega, seja uma pessoa que se comunica muito bem e possui uma visão holística (360°) do ambiente que está inserido. Na minha trajetória profissional, vivenciei tantos ambientes distintos, em todos os aspectos de mudança, que eles me deram a sensibilidade de sugerir melhorias e soluções de forma mais ágil e prática. **Seja dinâmico** na sua atuação diária, utilize hoje mesmo esses 3 verbos de ação na sua vida, que irão te direcionar a uma atuação estratégica e vencedora: *Planejar, Executar e Controlar*.

Tenho feito um trabalho de conduzir e acelerar os resultados de profissionais que atuam em finanças empresariais e querem se tornar mais estratégicos, atuando na área de Controladoria e FP&A (Análises e Planejamento Financeiro) e o que faço é mostrar uma direção que leve a resultados mais rápidos, através de uma jornada de aprendizado prático e com um GPS (método) que ofereço para ser aplicado no dia a dia e tornar o indivíduo mais preparado para os desafios profissionais.

É através do alinhamento de 3 pilares que o profissional de finanças decola em sua carreira:

- **Posicionamento:** equivale à Alma (visão estratégica);

- **Postura profissional:** equivale ao Corpo (atuar de forma ativa, mas de maneira equilibrada);

- **Embasamento técnico:** equivale à Mente (conhecimento e habilidades).

Para que você possa alinhar resultados e desenvolvimento é necessário estar pronto para responder a uma pergunta chave de quem atua em alto nível na área mais estratégica de finanças, essa pergunta é: "Como gerar resultados à empresa na aplicação prática da área de Controladoria (FP&A)?" Você estará pronto para responder essa pergunta quando preencher suas lacunas de conhecimento e quando aplicar esses 4 exercícios em sua vida:

1 - Se autoconhecer (ciclos de evolução), ter consciência do que melhorar continuamente, aprender é para sempre;

2 - Ter um PPC (Plano Pessoal de Crescimento) para executar e monitorar em sua vida. (Isso te direciona a cometer menos erros ou não ficar à deriva em algum momento da sua jornada);

3 - Adquirir e aplicar na sua vida o que chamo de "visão estratégica";

4 - Fazer as "perguntas certas" quando estiver atuando (visão analítica ou o que chamo de cultura da performance financeira).

O profissional precisa se destravar e conhecer a sensação da liberdade de poder escolher onde quer atuar. Através de um diagnóstico, você entenderá onde possui lacunas a serem preenchidas e se tornar capaz de atuar na causa-raiz que te impede de crescer, para escolher novas possibilidades baseado no conhecimento prático.

Meu movimento é transformar pessoas sem experiência em profissionais completamente preparados para lidar com os desafios corporativos e, ao mesmo tempo, conquistar uma alta empregabilidade, ou ainda, fazer uma renda extra atuando como um consultor financeiro. Saiba que o "profissional estratégico" cresce mais rápido, você precisa atuar como ***controller***, mesmo ainda não sendo um.

Quer um caminho já desbravado? Então adquira novas competências, tenha um método prático aplicável por onde passar, ganhe tempo na sua execução, evite armadilhas na sua carreira, seja mais valorizado e reconhecido e, por fim, tenha uma confiança inabalável para fazer as próprias escolhas.

Se quiser conhecer mais sobre o método Especialista Financeiro (FP&A) com 3 etapas práticas (Planejamento-Operação-Controle) que pode mudar sua vida profissional, como de centenas de pessoas por todo o Brasil, e transformar seus resultados, me siga no Instagram e baixe meu ***e-book*** no LinkedIn para começar a executar esse fator de sucesso na sua vida profissional. Me envie um direct, e-mail ou me chame no WhatsApp para se aprofundar na área mais estratégica de finanças empresariais.

"

A mudança transformadora começa quando decidimos tornar simples e prático o que sempre pareceu ser complexo.

Leandro Gomes

LUCILENE RIBEIRO

Sou Lucilene Ribeiro, trabalho promovendo o desenvolvimento humano, ajudo pessoas cujo objetivo é conquistar novos sonhos, aquelas que levam o conhecimento, contribuem, agregam valor, geram conteúdo ou buscam aperfeiçoar sua comunicação para que ela seja mais eficaz, empática e transformadora.

Sou mentora, orientadora, terapeuta, treinadora e professora.

Realizei pesquisas explorando o tema *inteligência emocional,* concluí o mestrado investigando os paradigmas sociais; atualmente, utilizo recursos, técnicas e ferramentas para ver uma real transformação na vida das pessoas.

luci.ribeiros

luciribeiro.five@gmail.com

18 INTELIGÊNCIA EMOCIONAL E O SISTEMA DE CRENÇAS

Por Lucilene Ribeiro

Há alguns anos, ao concluir a faculdade, passei em um concurso público, comecei a dar aulas e à medida que precisava assumir mais turmas, tinha que buscar novos conhecimentos, oferecer melhores conteúdos para que estes fossem mais atrativos e ao mesmo tempo relevantes. Continuei avançando na formação acadêmica, porém, percebia que não acontecia o mesmo na parte financeira, ou seja, investia tempo, dinheiro, mas a remuneração não era proporcional a tudo isso.

Buscava atividades extras para complementar, porém percebia que as pessoas que estavam há mais tempo na carreira não reuniam um estilo de vida que eu gostaria para o meu futuro, tanto na parte financeira como também em relação à qualidade de vida. Eu sabia que precisava fazer alguma coisa senão, quando chegasse a minha vez, não seria diferente, pensava que a vida deveria ser muito mais que apenas controlar as contas.

Continuei me especializando, fiz mestrado fora do país, aprendi um novo idioma e conheci novas pessoas. Juntei esse conhecimento e passei a oferecer aulas particulares, corrigia artigos, monografias, treinava profissionais para concursos, para o mercado de trabalho, fazia orientação acadêmica e ainda encontrava tempo para dar aulas de dança, ou seja, o famoso "se vira".

Assumindo compromissos, tarefas, ainda tentando conciliar com o trabalho tradicional, além dos afazeres de toda mulher, mãe, gerava também um esgotamento físico e mental. Apesar da grande satisfação, a sobrecarga era enorme, eu precisava tomar uma decisão. Surgiu a ideia de montar um negócio que gerasse uma renda passiva, essa oportunidade permitiria trabalhar com outras pessoas, além de contar com a tranquilidade e parceria de um sócio.

Vendi móveis e imóveis que conquistei ao longo da vida, porém eu ainda não tinha experiência com essas estratégias, o perfil do público era bem diferente do que eu costumava atender, negligenciei o fato de que, para dar certo, seria necessário que as pessoas envolvidas tivessem os mesmos objetivos.

Sabemos que ser líder é diferente de ser chefe, fazer uma empresa crescer exigiria mais tempo e um esforço ainda maior, mas eu não poderia parar as outras atividades, não era o momento. Sem contar que a única noção sobre veículos era a firma de autopeças que minha mãe trabalhava servindo cafezinho e eu(ainda na infância) admirava vendo tudo aquilo funcionando.

É possível imaginar o que aconteceu? Sim, prejuízo. Mas, não esperava perder todo o investimento que fiz e ainda ter que assumir uma dívida enorme, porém, aprendi a lição e vi que estava me distanciando de tudo que plantei ao longo da vida.

Precisava reagir. Diminuí o padrão de vida, passei a morar de aluguel, temendo o futuro, assustada com os juros das dívidas, preocupada com o futuro de duas filhas, tive que assumir o prejuízo financeiro. Separei e, por questões de acordos, tive que abrir mão também dos trabalhos que estava desenvolvendo, digerindo uma indignação tremenda e com muito medo. Eu não me achava capaz de contornar aquela situação porque sentia a "síndrome da impostora", pois, tudo o que eu defendia, acreditava e ensinava naquele momento tinha desaparecido dentro de mim.

Mas, eu sabia que são as suas escolhas que definem quem você é, comecei uma nova experiência, uma jornada de autoconhecimento, ou seja, passei a ser o "meu próprio laboratório de pesquisa" para descobrir o que estava me limitando, visto que eu precisava sair daquela situação.

A inteligência emocional torna uma pessoa capaz de perceber as próprias emoções, ajuda a entender os gatilhos capazes de acionar novas ideias, traz inspiração, melhora a sua comunicação, enriquece o discurso, além de ajudar a lidar com diversas situações diárias. Usar essas habilidades nas relações interpessoais também é importante, porque gera conexão e o uso dessa linguagem mais empática é algo extremamente poderoso, principalmente para quem busca o crescimento na carreira ou nos negócios, porém o sistema de crenças costuma ser negligenciado e isso acaba dificultando a conquista dos resultados que a pessoa deseja.

A origem das crenças são muitas, elas se formam de acordo com a maneira como percebemos, interpretamos e enxergamos a realidade durante a vida, criando um padrão de pensamentos, comportamentos e emoções. Muitas vezes, se torna um problema quando interfere (mesmo de forma inconsciente) nos resultados que a pessoa deseja.

Criatividade, resiliência, capacidade de superar desafios, resolver conflitos são algumas habilidades comportamentais que a inteligência emocional pode potencializar. Sabemos que o cérebro em situações de estresse, ansiedade, angústia ou medo, interpreta como uma circunstância de perigo e cria defesas, liberando com desequilíbrio determinados hormônios, é uma sobrecarga emocional que você aplica e age contra você mesmo. Assim, conhecer o seu sistema de crenças ajudará a descobrir o que está condicionando suas atitudes para descobrir o que deve eliminar.

No início da carreira, eu vivi a experiência de ter trabalhado por 2 anos em uma corretora de seguros. Era secretária, ganhava pouco, porém já tinha observado que o setor de vendas seria essencial para ter um crescimento financeiro, mas, algumas crenças me limitavam. Ao passar em um concurso público visava a estabilidade, senti gratidão por ter essa segurança com a possibilidade de poder ensinar ou treinar, mas, se a pessoa não reconhecer o valor sobre si mesmo, terá dificuldade ao escolher novas estratégias, ao buscar outros caminhos para agregar valor ao que faz, corre o risco de viver "correndo contra o tempo", controlando despesas, não conseguindo realizar os sonhos que gostaria porque muitos desses bloqueios estão no seu inconsciente.

Durante a minha vida, fui aprendendo a ressignificar muitas coisas; desde a infância, enfrentei desafios, minha mãe (apesar de não ter frequentado a escola) me criou sozinha trabalhando muito, cheguei a ter outros irmãos, porém, morreram ainda pequenos. Morávamos em uma casa humilde e, acompanhando todo o esforço, tive pessoas que também me estimularam a ter uma visão de mundo diferente, para construir uma nova realidade.

Quando você aumenta a crença em si mesmo, aprende a destravar o que te limita, a sua comunicação se torna mais coerente com o que acredita, seu posicionamento é mais preciso, sua perspectiva amplia e o seu discurso contará com uma linguagem mais próxima dessa nova realidade. Boa parte de quem eu sou, agradeço muito à minha mãe e hoje, mesmo que ela não esteja mais fisicamente entre nós, aprendi com a humildade dela o que é trabalhar com alegria, sendo grata pelas conquistas e permitindo que outras pessoas também se sintam felizes com o que você faz.

Recebi o convite para trabalhar em tempo parcial como representante de uma multinacional norte-americana e achei fascinante poder conciliar: eventos, lideranças, organização, treinamentos, posicionamento profissional da marca;

mas, principalmente, pude trocar experiências sobre o segredo das vendas através do marketing de relacionamento. Nessa fase cheguei a faturar, em um dia, o que levaria um mês no meu trabalho tradicional, porém o melhor era proporcionar realizações na vida de outras pessoas.

Ter inteligência emocional é conhecer seu sistema de crenças, isso te ajudará a identificar os pontos a serem desenvolvidos, poderá construir um plano de ação com uma visão mais ampla, planejar uma vida mais próspera a partir das suas habilidades naturais, sentindo-se cada vez mais confiante.

Compartilhar conteúdos, estratégias, experiências, conectar pessoas, tudo isso faz parte do processo, mas o combustível que impulsiona e dá coragem,é saber que a sua determinação vem de crenças fortalecedoras e do seu desejo de se tornar um ser humano melhor. Dessa forma, a sua linguagem pode se tornar mais poderosa se o seu propósito ou missão estiverem alinhados com esse desejo. Suas experiências te trarão novos aprendizados porque os problemas superados se tornarão fontes de inspiração, portanto, se você aprender como utilizar tudo isso para crescer, permitirá também que outras pessoas se inspirem através da sua história.

Ter inteligência emocional é um recurso importante para as pessoas que desejam trilhar um caminho de sucesso, por isso, identificar o seu sistema de crenças te ajudará a gerenciar melhor suas emoções em diversas circunstâncias, aumentará a autoconfiança, saberá como lidar com novas situações, facilitará as tomadas de decisões, permitirá também que a sua linguagem tenha uma maior conexão, precisão e empatia com o seu público.

Ao "virar essa chave", enxerguei novas oportunidades; o "Gerenciando Emoções" é fruto da formação que depois se tornou um projeto. Lancei o segundo livro na versão digital, transformei ele em um curso, surgiram novas possibilidades no universo digital, conheci pessoas, fiz novos lançamentos, parcerias, voltei a trabalhar com ***marketing***, ou seja, diversifiquei minha esteira de produtos, agreguei valor ao trabalho que faço, continuei ensinando em instituições educativas e, acima de tudo, a minha crença aumentou.

Reconstruí o patrimônio de uma forma muito mais simples, sem tanto desgaste, de forma estratégica e hoje me sinto bem mais tranquila tanto em relação ao presente como também ao futuro, me tornando cada dia melhor, ajudando a transformar a vida de outras pessoas.

Se você pretende levar a sua mensagem, se desenvolver, aumentar seus resultados ou ensinar outras pessoas para que elas se desenvolvam, busque ajuda de um mentor ou orientador, não queira estar sozinho, evite passar por tantos desafios.

Usar a inteligência emocional para ter uma linguagem mais poderosa ampliará a sua visão sobre o mundo, permitirá que você descubra o quão poderoso é libertar-se das crenças que limitam, pois, muitas delas estão no inconsciente. Saber sobre isso ampliará a sua visão sobre o mundo, poderá selecionar melhores estratégias, transformar essas experiências em aprendizados, fortalecer seu discurso com uma linguagem mais poderosa e conquistar os resultados que deseja.

"

O conhecimento sobre si mesmo abre portas, janelas e te permite enxergar as riquezas infinitas que existem dentro e fora de você.

Lucilene Ribeiro

Marcelo Rego

Sou Marcelo, marido de Emanuela, pai de Lucas e padrasto de Nathália e Giovanna. Segui carreira na aviação naval, onde tive a honra de permanecer por 15 anos. Nos últimos anos como oficial da Marinha do Brasil, estando no Reino Unido, iniciei meus estudos no ramo do desenvolvimento humano, realizando inúmeras formações; entre as principais destaco: Superbrain UK, Instituto Lucas Naves (Hipnoterapia), Instituto Kaercher (Treinador Comportamental de Alto Impacto e Experiencial), Cláudio Lara PNL Training, ENAP (Inteligência Emocional), FEBRACIS (*Coach, master coach* e analista comportamental).

marcelorego_mr
(61) 99995-1151
www.marceloregotreinador.com.br

19 DISCIPLINA E FOCO: A BASE PARA O SUCESSO

Por Marcelo Rego

Disciplina é a base de quaisquer metas e objetivos que você queira atingir na vida. Ela é a base até mesmo para você desenvolver foco. Quando se juntam, mudam o seu jogo, acabando com as incontáveis desculpas que permeiam a mente de mais de 90% das pessoas: "Segunda eu começo", "Estou com preguiça", "Amanhã eu faço", "Isso é muito difícil", etc.

Desde a juventude, tive que aprender a desenvolver **disciplina** e **foco** (a primeira sempre vem antes, lembre-se, ela é a base), afinal, quantos jovens de 14/15 anos você conhece que dedicam, em média, 16 horas do seu dia para estudar para um concurso? Talvez seja difícil de encontrar adultos com essa dedicação. Mas foi exatamente isso que eu tive que fazer para prestar o concurso para o Colégio Naval, nos idos de 1990.

Infelizmente, a esmagadora maioria das pessoas busca sempre encurtar o caminho para seus objetivos, busca atalhos, quer ir rápido demais e acaba se esquecendo que por trás do sucesso existe uma jornada, um processo, um passo a passo, que poucos estão dispostos a percorrer. Pergunte a alguém que hoje tem sucesso qual foi a maior virtude que a levou à vitória, pessoal ou profissional. Alguns chamarão de consistência, outros de perseverança, mas no final, todas essas virtudes, são sinônimos para a disciplina.

Um atleta (profissional ou amador), um empresário, uma dona de casa, seja lá quem for ou o que queira fazer, só alcançará suas metas, só se tornará sua melhor versão naquilo que faz ou que queira fazer, através da disciplina. Caso contrário, os menores obstáculos serão barreiras intransponíveis, o acordar cedo tornar-se-á um suplício penoso demais e todas as suas crenças limitantes irão se apresentar como guardiães fies da sua zona de conforto.

Se você leu a minha biografia no começo deste capítulo, você viu que servi por mais de 30 anos à Marinha do Brasil, 15 anos deles na Aviação Naval, então você pode pensar: "30 anos de Forças Armadas? Assim é fácil ser disciplinado e focado". E é exatamente aí que você se engana, porque se assim fosse, todos os militares seriam disciplinados, o que não é o caso. A verdadeira disciplina não é imposta, ela vem de dentro, começa na sua mente quando você decide ser disciplinado e toma ações para isso acontecer.

Se gerar disciplina na vida depende apenas de você, então por que você não consegue dar continuidade no que você quer fazer? Desiste no meio do caminho ou sequer começa a trilhá-lo?

Criando disciplina

Independente da idade que você tenha, você passou a vida inteira acreditando em coisas que foram gravadas na sua mente, sem sequer saber que estão lá. Nosso cérebro tem cerca de 86 bilhões de neurônios e cada um desses com capacidade de fazer cerca de 10 mil sinapses. Cada evento da nossa vida, cada frase ouvida, seja por repetição ou forte impacto emocional, ficam registrados como verdade na nossa mente. Pense: se a grande maioria das nossas crenças são gravadas entre 0 e 12 anos de idade, será que você se lembra de tudo que foi registrado no "HD" que está entre suas orelhas, neste período? Claro que não! Mas isso não interessa, porque tudo está lá, gravado, queira você ou não, rodando como um programa de computador, aceito por você como a realidade da sua vida.

Quem nunca ouviu as frases: "Dinheiro não cresce em árvore", "Isso não é para você", "Você não consegue fazer isso ou aquilo" e diversas outras "verdades" como essas, repetidas sucessivamente por aqueles mais próximos de nós, até que não nos restasse mais jeito a não ser gravá-las e, inconscientemente, acreditar em cada uma delas.

Muitas pessoas me perguntam: "Como posso então desenvolver disciplina a essa altura da vida, se nunca fui disciplinado com nada?". A resposta não poderia ser mais simples: fazendo o que precisa ser feito. Agora! Já! O teu passado não te define, mudar é uma opção sua e de mais ninguém. Será fácil? Claro que não. Mudar o hábito de ser indisciplinado, após anos de prática, não é fácil e muito menos confortável, mas se você quiser, se você realmente quiser, comece agora, siga em frente, com persistência, quem tem disciplina suporta qualquer "como".

Comece mudando pequenos hábitos. Como queres mudar tua vida se não consegues mudar pequenas coisas? Estabeleça pequenas metas de curto prazo, pequenos afazeres, para ir "doutrinando" a sua mente. Fazendo isso, você começará a ativar o sistema de recompensa do seu cérebro (sim, nosso cérebro tem um sistema de recompensa) e lembre-se que estas pequenas coisas têm que depender única e exclusivamente de você, porque, nesta vida, a única coisa que você realmente controla são as suas atitudes. Qual vai ser a sua atitude diante da preguiça, da fraqueza, da frustração? Quem domina a sua vida? Você ou suas crenças limitantes? Você não as escolheu, mas você é responsável por mudá-las. E isso é possível? Claro que sim!

Virando a chave

Passamos o dia nos comunicando com a nossa mente. Seja com aquela voz interior que nos sabota dizendo que não conseguiremos fazer isso ou aquilo, seja no modo como nos vestimos, seja na nossa expressão corporal, não importa; o que realmente importa é o que está sendo comunicado. Você comunica confiança, abundância, prosperidade ou tem comunicado dúvidas, escassez, preguiça, fraquezas, etc?

Aí vai a dica de ouro: tudo que comunicamos vira um pensamento. Este pensamento passa a se repetir e a governar a nossa mente, gerando emoções e estas, uma vez criadas, geram nossas crenças, produzindo nossos comportamentos, nossas ações, que serão sempre condizentes com aquilo que estamos comunicando, gerando um ciclo interminável de autossabotagem. Então pense: se o que estou comunicando é o que gera meus pensamentos, que geram minhas emoções e, estas, acessam minhas crenças, o que preciso mudar para conseguir, não só mudar minha crença que não consigo ser disciplinado, mas mudar quaisquer outras crenças que hoje tenho consciência que não me servem? Respondo: mudando a forma como me comunico com a minha mente.

Particularmente, quando me pego comunicando de forma inapropriada, já falo o contrário do que estava falando ou fazendo, repito várias vezes o que de fato quero acreditar, coloco ênfase, energia, atitude e, principalmente, ação. Nada funciona sem ação. Não há lei da atração que funcione, se você ficar sentado no sofá esperando acontecer. Comunique disciplina e torne-se disciplina.

O foco como grande aliado

Desenvolver o foco, atualmente, é uma árdua tarefa. As pessoas, em geral, tendem a focar no passado, no futuro ou até em outras pessoas e nada disso podemos controlar, e se não podemos controlar, estamos perdendo energia. São tantas as distrações naturais e impostas, que escrever um e-mail importante ou focar numa conversa com a família em um simples almoço de domingo virou tarefa de super-herói. O problema é que se não temos foco em pequenas coisas, como teremos foco nos nossos grandes objetivos? Lembre-se sempre: o jeito que você faz uma coisa é o jeito que você faz qualquer coisa e a sua vida é o reflexo do que você acredita e no que você foca.

Compare o foco a um músculo. Como você desenvolve um músculo? Treinando constantemente, começando pouco a pouco, aumentando o peso progressivamente, até que sua carga fique maior do que você jamais imaginou. Assim é com o foco. E aqui vai uma metodologia que uso, e que me fez fortalecer ainda mais o foco que desenvolvi, principalmente, na minha formação de piloto de helicóptero na Marinha:

1) Escolha o objeto ou tarefa que você quer colocar o seu foco, não se permita "multitarefar", temos um espaço focal limitado e, por isso, quando fazemos várias coisas ao mesmo tempo perdemos o foco;

2) Coloque intenção. Diga: meu foco agora vai para a tarefa tal. Atenção sem intenção é desperdício de energia;

3) Defina quanto tempo você vai ficar focado naquela atividade, comece com curtos intervalos e vá aumentando, pratique ser focado;

4) Cuide do seu ambiente. Quando for se dedicar a uma tarefa, elimine o que te faz se distrair: celular, ambiente sujo e desarrumado papeis espalhados etc.;

5) Retome seu foco. Sempre que perceber que você está divagando, se obrigue a voltar. Treine sempre retomar seu foco, em pouco tempo você fará isso no automático.

Quando você coloca foco em uma tarefa, você está comunicando ao seu cérebro que aquela tarefa é importante e, fazendo isso, ele colocará toda a energia necessária para cumpri-la; seja uma tarefa simples ou complexa, ele vai entender sua importância, e se for uma tarefa que você tenha que fazer repetidamente, ele criará o hábito daquele afazer; mas o mais importante, ele aprenderá como focar no que é preciso, quem sabe até entrando em estado de fluxo, onde a demanda da tarefa é proporcional a sua habilidade de realizá-la, entrando em um estado de foco total, quando o tempo passa e não percebemos e onde até a autoconsciência é perdida naquele intervalo de hiperfoco.

Faça o que deve ser feito

Muitas pessoas que passaram nos meus treinamentos ou que me assistem, de alguma forma foram transformadas. Não por mim, mas pelas ações que tiveram depois de buscarem conhecimento e acreditarem na metodologia de como aplico, na prática, este processo de geração de autoconhecimento. Sem autoconhecimento, tu não sabes onde estás e se não sabes onde estás, não saberás chegar aonde queres. Não adianta ter o conhecimento e não o colocar em prática; é como ter a comida, saber prepará-la e morrer de fome.

Vamos decolar?

Como eu disse antes, ter conhecimento de como gerar disciplina e foco na sua vida não representará nada se você não tomar a ação de desenvolver essas habilidades, pouco a pouco, passo a passo, dentro de você. Não espere estar motivado para fazer a sua vida decolar, a motivação é instável, ela vai e volta, só a disciplina e o foco podem te tirar de onde você está e te levar onde mereces ir. A autodisciplina aplicada aos pilares da sua vida, seja financeiro, emocional ou quaisquer outros, fará você decolar e ir ao nível que você apenas sonhava, mas que agora, poderá tornar realidade.

"

Quem tem disciplina supera qualquer 'como'.

Marcelo Rego

Paula Romão

Sou Paula Romão, empresária, mestre em Educação, especialista em Gestão de Negócios, analista comportamental, *coach* e mentora. Proprietária de duas escolas de treinamentos profissionais e uma empresa de consultoria, a Instituto Paula Romão de negócios, e empreendedorismo, a Microlins.

Atuo no mercado educacional há 15 anos, com centenas de vidas impactadas pelos cursos e treinamentos ministrados em minhas empresas.

Criadora do treinamento "Líderes para Vencer" e treinadora oficial do "O Poder da Ação", do PHD Paulo Vieira. Neste curso, todas as aulas são ministradas através de uma metodologia ativa, focada em neurociência, física quântica, entre outras especialidades, no intuito de que todos consigam expandir sua mente para a "virada de chave" e tenham uma vida de resultados extraordinários.

pauladromao
(35) 98869-2744

20 OUSADIA NA MEDIDA CERTA

Por Paula Romão

Viver a jornada da "Ousadia na Medida Certa" é se permitir experimentar as incertezas, os medos e se expor a vivenciar julgamentos e críticas durante a caminhada da vida. Sempre carrego comigo uma frase que diz: "Não tenhas medo de respeitar o seu desejo de ousar e que ele possa viver no seu coração e na sua mente, porque enquanto há vida, há tentativas, há esperança e há RECOMEÇO."

Por muito tempo, vivi uma identidade que buscava constantemente a perfeição, sentia muito medo de demostrar minhas vulnerabilidades e deixar de ser a "perfeitinha" que, inocentemente, eu achava que era. Foi quando o "Cresça e Aconteça" chegou em minha vida, percebi que não vivia para SER mas sim, para TER uma vida feliz, uma profissão idealizada, um casamento dos sonhos e filhos perfeitos.

Em 2017, duas imersões (Método CIS e O Poder da Ação) fizeram com que eu identificasse meus traumas conscientes e inconscientes, foi um momento de muito impacto emocional, que possibilitou a virada de chave em minha vida. Da vergonha e medo, direcionei o meu caminhar para viver meus sonhos como merecedora da felicidade. Com todas as vulnerabilidades e imperfeições que eu possuía, decidi ter OUSADIA para viver uma nova história, com novas atitudes.

A maioria das pessoas espera um passo a passo para mudar a sua história, transferindo sempre suas próprias responsabilidades para outras pessoas, coisas e circunstâncias. Quando estamos emocionalmente frágeis, poderia ser mais fácil sim, comunicar da forma acima, porém, não seria possível viver sua real identidade e saber ousar em seus sonhos, dons e talentos desta maneira. Tudo em você comunica e essa comunicação é a perfeita linguagem para alcançar os seus resultados, isso é a ousadia na medida certa. **Como é a sua linguagem hoje?**

Quando falo da perfeita linguagem, muitos falam que a perfeição não existe, mas se tratando da linguagem, existe com toda certeza a perfeita. Porém, é necessário ter a base palpável para executá-la em seu dia a dia com constância. As imersões que fiz em 2017 mostraram caminhos que hoje tenho em minha Vida como rotina, hábito e cultura.

Sei que o caminho é árduo, mas da mesma maneira que eu consegui vencer o medo de ousar, você também conseguirá! Siga as dicas de Ouro que hoje são aplicadas em minhas mentorias e você já poderá dar início em seu processo de mudança de ***mindset*** agora mesmo. Essas dicas estão divididas em 3 partes: PPS, princípios para a reprogramação de crenças das preocupações e críticas e visão positiva de futuro bem feita, com metas smartirizadas.

Dito isto, vamos para o primeiro passo, que é desenvolver as PPS. Faça a si mesmo as seguintes perguntas:

- O que eu faço quando me sinto emocionalmente em destaque?

- Como me comporto quando me sinto inseguro ou em situação de desconforto?

- Como a cultura social e seu ecossistema influenciam nos meus comportamentos?

- Realmente estou disposto a ousar e a correr riscos emocionais em minha vida?

"Questionar-se é a sabedoria Maiêutica Socrática que te leva a resultados extraordinários." Sócrates

Quando você não se posiciona ou se coloca em comparação, você deixa com que a vergonha e a alta desmotivação vençam em sua vida, mostrando nitidamente que não está pronto para ousar porque está preso na escassez, com medo de não ser bom o bastante.

- Como eu sei se estou pronto para ousar?

- Qual é a minha visão sobre culpa e vergonha?

Quando sentimos vergonha, estamos travando a ousadia em nossas vidas, com o intuito de nos "proteger". Culpamos as coisas, as pessoas, criamos as mais diversas "historinhas" para justificar nossos próprios erros, entrando assim em um ciclo repetitivo de autossabotagem. Inúmeras pesquisas foram feitas sobre a vergonha e nenhuma apontou como sendo algo positivo e benéfico para desenvolver comportamentos saudáveis em um ser humano, mas sim para destruí-lo. Lembro que logo que iniciei a minha primeira graduação de Letras, vivi momentos em que a vergonha me travava e não permitia que eu vivesse as experiências do momento. Vivi anos com medo do ridículo, até 2017, onde realmente foi o ponto em que dei início à minha jornada de transformação.

Nesta minha jornada de pesquisas e estudos sobre neurociência, psicologia positiva e inteligência emocional, tive a confirmação de que a vergonha destrói o lado positivo que temos de acreditar e sonhar, para sermos melhores a cada dia, impactando diretamente nas mudanças das nossas ações e comportamentos.

E quando sentimos a culpa? A culpa vai contra nossos valores e por isso, sempre pedimos desculpas para o ocorrido de acordo com nossos padrões. Sendo bem dosada, a culpa nos leva a reconhecer nossos atos prejudiciais e a avançar para um novo grau de ousadia em nossas vidas. O sentimento da culpa precisa ser observado por nós a todo o momento e quando ela aparece usarmos as *PPSs para desenvolvermos a visão clara dos momentos em que ela aparece e o porquê. Frases que parecem clichê, mas de uma sabedoria imensa e que nos levam a reconhecer realmente nossos atos prejudiciais e a avançar para um novo grau de ousadia em nossas vidas.

Estes assuntos que abordo são bastante complexos e, por vezes, polêmicos, porque muitos ainda comunicam e se comportam através dos mesmos por terem a convicção de que a maneira correta de manter as pessoas em sua vida, é repetindo estes padrões de conformidade.

Após todo este momento de questionamento abordado acima, é chegada a hora de uma reflexão profunda e sincera sobre decidir deixar para trás toda a vergonha e ativar a resiliência em sua vida, sem medo de trabalhar a reprogramação das suas crenças e dos seus vícios emocionais. Essa reprogramação acontece quando nos abrimos para cometer mais erros e aprendermos com eles, sem medo do processo, adquirindo novos hábitos e tenho um estilo de vida livre da vergonha. Realmente fazendo o que poucos fazem e conseguindo o que poucos conseguem: uma vida de alta performance.

Lhe convido a aprender este novo estilo de vida e para que possamos fluir no mesmo de forma assertiva, necessitamos trabalhar esses princípios rotineiramente. São eles:

Agora é com você! Cultive uma atitude mental que lhe proporcione paz e felicidade. Preencha a sua mente com pensamentos de paz, coragem, saúde e esperança. Nunca tente vingar-se de seus inimigos e ao invés de se preocupar com a ingratidão, seja grato pelas bençãos que já chegaram em suas mãos. Seja você mesmo, assuma a sua identidade. Tente sempre tirar aprendizados das suas perdas e crie felicidade para os outros. Mude a você mesmo e assim, tudo ao seu redor mudará também e inspire pessoas com a sua força, fé e ousadia!

1. Viver o presente sem murmurações, apenas VIVA!

2. Enfrentar os problemas da seguinte maneira:

a. Perguntando a si próprio: "Qual é o pior que pode acontecer nesta situação?"

b. Se preparando para aceitar o que tiver de ser;

c. Tentar preparar a situação para a melhora, partindo do pior;

3. Se lembrar do valor inestimável da sua saúde que, se não zelada, poderá vir a pagar um alto preço por tanto tempo de descuido;

4. Não negligenciar o cuidado de nenhuma área da sua vida;

5. Não se afligir com coisas pequenas e sem valor;

6. Utilizar a regra da probabilidade para banir as suas preocupações;

7. Aceitar o inevitável;

8. Decidir quanta ansiedade algo vale e recuse-se a conceder-lhe mais;

9. Não se preocupar com o passado e em planejar o futuro, vivendo o presente;

10. Não se preocupar com as críticas;

11. Lembrar-se de que uma crítica injusta é, muitas vezes, um elogio disfarçado;

12. Agir da melhor maneira que puder;

13. Analisar os seus próprios erros e criticar a si mesmo com sabedoria e autorresponsabilidade.

Finalmente chegamos ao terceiro passo para desenvolvermos o mural da sua vida extraordinária.

O mural é uma ferramenta incrível, elaborada pelo ***master coach*** e PHD Paulo Vieira, que tem o objetivo principal de colocar todos os sonhos, metas e planos, até mesmo os mais ousados, em um painel ou cartaz feito através de desenhos ou gravuras dos mesmos. Após fixado no "Mural da sua Vida Extraordinária", você irá para a sua visualização diária, este hábito deve ser construído com o máximo de concentração possível, nele você irá imaginar cada detalhe destes sonhos, se colocando mentalmente dentro deles com a certeza de que JÁ ACONTECEU! Faça isso todos os dias fielmente.

Parece bobo e até mesmo ridículo falar de mudanças através de um cartaz, mas como sempre afirmo, quem tem medo ou vergonha do ridículo nunca alcançará o extraordinário. Desafie-se, faça o seu cartaz e o posicione em um local bem evidente, de forma a te lembrar todos os dias dos seus objetivos. Após cada conquista, vá atualizando-o de acordo com os seus feitos, mas sem permitir que a frequência do hábito de visualização cesse ao longo do tempo.

Smartirize o seu mural e liste os seus sonhos em um caderno, respondendo cada pergunta abaixo com bastante ousadia e coragem, visualizando a execução de cada ponto:

- Qual é o meu sonho?

- Por que desejo realizar este sonho?

- Onde irei realizar este sonho?

- Quem irá realizar este sonho comigo?

- Quando será a data desta realização?

- Como farei para conseguir realizar este sonho?

- Quanto irá custar o processo e a execução deste sonho?

Visualize o mural, sinta e planeje para começar a conquistar. Não ousar, é o mesmo que desistir.

Vamos firmes no processo! Siga os três passos com toda a sua força. Não tenha medo de se expor, seja ousado e corajoso. Vamos juntos!

"

Não tenhas medo de respeitar o seu desejo de ousar; e que ele possa viver no seu coração e na sua mente, porque enquanto há vida, há tentativas, há esperança e há RECOMEÇO!

PAULA ROMÃO

Paulo Castro

Sou Paulo Castro, pai da Laís e marido da Renata, gaúcho de Sapucaia do Sul.

Iniciei na construção civil como ajudante de obras e sempre busquei conhecimento através de trabalho, foco e disciplina. Demorei 15 anos para me tornar engenheiro civil e depois fiquei 10 anos estagnado na profissão, quando analisei e procurei a melhor alternativa, que foi montar minha construtora.

Atingi o sucesso desejado em pouco tempo, e descobri que poderia orientar outras pessoas a alcançarem o sucesso. Assim, criei uma mentoria chamada Profissional de Valor, focada em desenvolver um plano de ação no intuito do profissional atingir seus resultados de forma mais rápida e eficaz, mediante mudanças comportamentais.

paulocastro.cst

cstengenharias@gmail.com

www.cstengenharia.com.br

(11) 95472-4578

21

CAPACIDADE PARA ANALISAR AS MELHORES ALTERNATIVAS PARA PROJETOS DE SUCESSO

Por Paulo Castro

"A luta pela vida nem sempre é vantajosa aos fortes nem aos espertos, mais cedo ou mais tarde quem cativa a vitória é aquele que crê plenamente."

Napoleon Hill

Iniciei na construção civil com 15 anos como ajudante de obras e sempre busquei conhecimento, era muito focado no trabalho através da disciplina, sempre analisando as melhores oportunidades. Comecei a faculdade de Engenharia Civil com 19 anos, obtendo o diploma após 15 anos.

A primeira capacidade de analisar as melhores alternativas para projetos de sucesso foi em 1999, com 22 anos. Era assalariado de um construtor e percebi que tinha potencial e conhecimento para prestar serviços de forma autônoma. Analisei o mercado de construção civil de Porto Alegre e percebi que tinha muita demanda para reforma e manutenção de apartamentos antigos. Então, abri minha construtora e trabalhei por 8 anos como autônomo.

Em 2008, percebi que poderia muito mais. Recebi uma proposta para trabalhar em São Paulo, em uma das maiores construtoras do país, como Mestre de Obras. Analisei e percebi que seria uma boa oportunidade para agregar conhecimento e expandir minha construtora no futuro. Aceitei e, em pouco tempo, diante do sucesso do meu trabalho, comecei a ser visto e recebi propostas de outras construtoras.

Em 2012, estava prestes a me formar engenheiro civil e tive capacidade de analisar outra alternativa de sucesso. Surgiu uma oportunidade para trabalhar em uma grande construtora de obras comerciais, porém só havia uma vaga para estagiário e o salário era 1/3 do que eu recebia como mestre de obras. Faltavam 3 meses para me formar e aceitei o trabalho, mesmo como estagiário. Mostrei meu trabalho e na mesma data em que me formei, fui contratado como engenheiro civil. Fiz grandes obras nesta construtora, mas percebi que não poderia deixar morrer o sonho de ter a minha própria construtora. Então, resolvi retomar o caminho do empreendedorismo.

Retomei as atividades da minha construtora e fiquei mais 2 anos executando obras próprias quando, novamente, recebi uma proposta de uma construtora internacional. Analisei todas as alternativas e aceitei o desafio. Foi a escolha certa, sendo uma das maiores experiências pessoais e profissionais que já tive. Logo em seguida, cerca de 2 anos depois, recebi outra proposta para retornar a São Paulo a fim de executar obras comerciais para uma grande rede de atacado supermercadista de alimentos. Avaliei mais uma vez e percebi uma outra oportunidade de crescimento profissional. Fiquei nessa empresa por 6 anos trabalhando como assalariado, de modo que minha mente e meu corpo se acostumaram a esse processo e uma mudança, nessa zona de conforto, seria inviável.

Em meados de 2021, a COVID-19 me pegou e fiquei afastado por um mês. Nesse tempo de repouso, pude perceber o quanto a vida é curta; perdi familiares e amigos para o Coronavírus e pensei: o que vai acontecer comigo? Passei bem pela Covid, porém quando iria retornar às atividades, minha esposa pegou o vírus e teve complicações, então precisei me dedicar à sua pronta recuperação. Assim, em casa, sem nada para fazer, começamos a assistir vídeos de marketing digital do influencer e mentor Victor Damásio e minha mente, já descansada, começou a ver um mundo de possibilidades e eu não podia perdê-las.

Entre um vídeo e outro, houve uma frase que me impactou e mudou tudo: "Para cliente não se diz não, se diz o preço". De alguma forma, essa frase abriu a minha mente para tantas oportunidades, inclusive, para alavancar, de vez, o sonho de ressuscitar a minha construtora, já parada por 10 anos. Logo em seguida, apareceu uma oportunidade, porém o cliente era daquele tipo "chato" e não queria trabalhar para ele. Foi aí que veio a frase na cabeça e resolvi fazer o orçamento. Estudei a melhor forma de elaborar a proposta, de acordo com as técnicas do marketing digital que aprendi ao longo dos dias.

Uma das coisas que aprendi foi que se o cliente acredita que você é o melhor, ele vai pagar 10 vezes mais pelo seu trabalho. Eu acreditava que era o melhor e que tinha capacidade de ganhar bem por um trabalho bem-feito. Então, fiz o orçamento e cobrei 10 vezes o valor que normalmente eu cobraria.

Estava certo de que receberia um NÃO. Porém, veio o SIM e deste sim, vieram outras oportunidades para construtora. Em poucos meses já estava fazendo mais de 10 obras e com faturamento que não ganharia nem em 10 anos como assalariado.

Moral da história: ter a capacidade de analisar as melhores alternativas para projetos de sucesso implica buscar conhecimento sobre o assunto desejado. Percebi que o que não me deixou crescer mais rápido foi exatamente a falta de novos conhecimentos, além de crenças limitantes e falhas comportamentais.

Dentre os meus comportamentos, um me travava demais: a minha timidez. Tinha muita dificuldade em conversar com as pessoas, porém sempre pensei que isso era normal até que fui em um evento do marketing digital. Tive a coragem de pegar no microfone, relatei a minha experiencia de ter saído da zona de conforto e empreender. Estava muito nervoso e, pela minha coragem em falar, fui aplaudido de pé por mais de 500 pessoas. Aquilo gerou uma energia incrível dentro de mim e senti que podia atingir qualquer objetivo a partir daquele momento, desde que buscasse o conhecimento necessário.

Ainda neste evento, fui abordado por um dos palestrantes, para me parabenizar pela história. Relatei para ele que era muito tímido. Nesse exato momento, passou um "anjo" e disse: "Você é tímido? Então, esse é o cara certo pra te ajudar". Até então, eu nem sabia que timidez tinha solução. Matriculei-me no Curso de Formação Avançada em PNL (Programação Neurolinguística) do Júlio Pereira. Descobri, através da PNL, que tudo está em nossa mente e que, através das mudanças comportamentais, temos a capacidade de analisar as melhores alternativas para projetos de sucesso e atingir qualquer objetivo traçado.

Depois de me livrar de vez da minha timidez, comecei a enxergar um mundo com muitas possibilidades, e, como um ímã, começaram a aparecer cada vez mais oportunidade para analisar projetos de sucesso. Uma delas foi a de me tornar gestor de expansão de novos negócios de uma das maiores empresas de São Paulo no ramo supermercadista, oportunidade esta que jamais teria conseguido se não tivesse procurado ajuda e mudado meus comportamentos.

Para crescer e fazer acontecer, temos que buscar o que precisamos e não necessariamente o que queremos. Aqui tem uma baita diferença. A virada de chave está na nossa mente e temos que descobrir o que nos atrapalha. Por vezes, a resposta está em nossa frente, é só perguntar para a pessoa mais próxima: "Qual é o meu comportamento que você acha que me impede de crescer?" A resposta pode ser transformadora.

"Você é o resultado das suas escolhas". Essa frase eu encontrei escrita em uma árvore em um lugar encantador, no dia da minha mudança. Ela me fez renascer para a vida, pois o caminho que escolhemos vai definir quem seremos, pois a vida tem altos e baixos, chegadas e partidas, muitas pedras pelo caminho. Somos o que quisermos ser, somos o que conseguirmos ser, somos o que escolhermos ser, não importa o quanto você andou no caminho errado, você pode recomeçar. Mais um ciclo se completa e outro está por vir, então escolha.

Escolha ter um projeto de vida. Se você não sabe para onde vai, qualquer caminho serve. Escolha estar no controle de seu presente, pois ele definirá o seu futuro, o passado é a única coisa que você não pode mudar. Escolha fazer sua própria sorte. Queira transformar possibilidades em realidade. Escolha preservar sua essência. De um jeito ou de outro, a natureza o levará ao seu desejo. Escolha expandir suas capacidades. Você ficara mais forte diante da vida.

Escolha se divertir sempre. Essa é a verdadeira fonte da juventude. Escolha insistir, persistir. Ainda que haja tropeço e quedas, escolha sonhar com o futuro, visualize-o e assim será. Escolha ter coragem e ousadia, boa intenção nem sempre é o suficiente. Escolha o trabalho em equipe, muitas vezes, a soma das partes é maior que o topo. Escolha estar em sintonia com o seu tempo, tudo muda e é preciso estar preparado para novas situações.

Escolha descobrir o que você tem de melhor, isso será seu melhor auxílio diante das adversidades. Escolha alcançar objetivos estimulantes, insegurança e ceticismo só atrapalham. Escolha aprender e reaprender todos os dias, sabedoria se conquista com paciência e tempo. Escolha ser estratégico, crie sempre aliança promissoras. Escolha ser criativo, para isso é preciso experimentar coisas novas. Escolha ser racional, alegre, ousado, seja o que for, desde que esteja crescendo com isso.

Escolha vencer, sem deixar para trás os seus valores, caso contrário, mais cedo ou mais tarde você se arrependerá. Escolha dizer "obrigado", demonstrando gratidão, conquistamos aliados. Escolha ter paixão e entusiasmo em tudo, isso fará de você um ser humano extraordinário. Escolha chegar ao fim de cada batalha com a consciência do dever cumprido, sentimento de autorrealização é a melhor recompensa e, no final, você será o resultado de suas escolhas e terá a capacidade de analisar as melhores alternativas de sucesso para uma vida extraordinária.

Hoje estou ajudando outras pessoas a se desenvolverem no mundo corporativo, mostrando a elas que não adianta ter todo o conhecimento necessário, se elas não tiverem o comportamento adequado para o cargo que desejam; que elas são o resultado das próprias escolhas e que, somente vão atingir o sucesso almejado, se souberem exatamente o que delas é esperado.

Deixo você com a reflexão do sábio Og Mandino: "***Dois entre mil sábios, se tanto definirão o sucesso nas mesmas palavras, enquanto o fracasso é sempre descrito de apenas um modo. O fracasso é a incapacidade do homem em atingir seus objetivos de vida, sejam eles quais forem***".

Sejam capazes de realizarem seus sonhos. Eu acredito em vocês!

"

Você é o resultado das suas escolhas.

Paulo Castro

PAULO MAIER

Eu sou Paulo Maier, filho amado de Deus, esposo de Francislaine, pai de Bárbara e Arthur.

Minha trajetória profissional teve início aos 14 anos de idade, fazendo estágios, e aos 18 anos, eu fui efetivado; e empreendia também como ambulante na praia.

Hoje eu sou multi-empresário, formado em eletrotécnica, *Business* e *Life Coach*, palestrante, treinador, performance e comportamento humano e negócios de alta performance.

Atuo no mercado imobiliário de Florianópolis há 4 anos, com resultados exponenciais, e, com desenvolvimento humano como treinador, palestrante e *Business Coach* ajudo pessoas a saírem do estado atual e chegarem no estado desejado.

paulormaier
bio.paulomaier.com
(48) 99941-7264

22 Criatividade

Por Paulo Maier

No início de minha carreira profissional como empreendedor, a criatividade não tinha espaço no meu dia a dia. Era seguir o roteiro de alguém, resolver problemas urgentes e a minha preocupação maior estava em conseguir pagar as contas do mês. Esse ciclo que já havia se tornado um vício pra mim, juntamente com o medo de fracassar, "matavam" a minha criatividade.

Por 9 anos eu permaneci nesse ciclo, apenas sobrevivendo. Sem tempo para me desenvolver como profissional, sem tempo para criar algo novo, sem tempo para a família, para lazer, dedicando-me apenas a cumprir com as obrigações que os meus contratos diziam.

Imaginação X criação

Nessa época, eu imaginava um futuro lindo para mim, minha família e para a minha empresa. Vou explicar a diferença entre imaginação e criação:

A imaginação é algo que fica apenas no pensamento. A criação é transformar a imaginação em realidade.

Então, eu imaginava, mas não trazia isso para a realidade, ou talvez, até tentava trazer, pois eu trabalhava duro, chegava na empresa as 6h da manhã, corria o dia todo pra lá e pra cá, chegava tarde em casa, com o sonho de que um dia eu conseguiria alcançar aquela minha imaginação, fazendo o que eu vinha fazendo durante anos. Eu não percebia que precisava criar algo novo para conseguir ter resultados diferentes.

O romper

Em certo momento da minha vida, eu perdi meu principal cliente por motivo de desorganização minha e da minha empresa; os três maiores contratos que eu tinha na época, que eram a minha base de recebíveis, foram distratados.

Eu literalmente fiquei sem chão e sem saber o que fazer. Foi nesse momento que eu abri a mente para novas possibilidades, eu saí daquele ciclo que estava me aprisionando e comecei a criar, comecei o processo de transformar aquela imaginação em realidade.

Desenvolvendo a criatividade

O meu objetivo ao escrever este capítulo é ajudar a você, leitor, a se tornar uma pessoa extremamente criativa, e com isso, alcançar os seus objetivos mais ousados. Eu acredito que se você está lendo esse livro, é porque você realmente tem objetivos ousados, e caso você não tenha, você precisa urgentemente criá-los, pois de nada vai adiantar você ler esse capítulo se você não tem um "porquê", se você não tem um proposito.

Certo dia, eu estava apresentando um projeto (empreendimento imobiliário), e, de repente, uma moça pediu a palavra e falou: "Paulo, quero te parabenizar, pois eu não sei de onde você tem tanta criatividade, que está sempre criando coisas novas para nos ajudar nos argumentos de vendas, sempre nos surpreendendo."

Vou compartilhar aqui 8 estratégias que eu usei e uso diariamente, para desenvolver ainda mais a minha criatividade, mas antes disso, eu quero definir o que é criatividade, no meu ponto de vista:

Criatividade é a atividade de criar o incomum, desenvolvendo o comum, a partir de boas referências, percebendo-as de forma diferente.

Criatividade não quer dizer que você precisa criar algo do zero, mas sim, você precisa transformar ideias boas em ideias extraordinárias que entreguem ainda mais valor.

Vamos às estratégias:

1 – Conhecer pessoas novas

Buscar sempre conhecer pessoas novas, de diferentes bagagens culturais e perspectivas, para quando for criar algo, ter acesso a diferentes memórias. Estar a maior parte do tempo com pessoas criativas que estão buscando criar algo novo é importantíssimo para desenvolver a criatividade. Pessoas e ambientes negativos matam a criatividade. Diversos lugares e pessoas eu tive que afastar da minha rotina para que o meu processo de criação não fosse incomodado.

Na fase mais difícil da minha vida, que eu estava sem chão, foi o acesso a pessoas que me ajudou a abrir a mente para novas possibilidades, para novos negócios. Pessoas são portais de possibilidades.

2 – Analisar referências

O processo de criação necessita de boas referências para se inspirar. Por exemplo, se eu quero criar um projeto imobiliário, eu busco algumas referências com a mesma visão que a minha, analiso de forma detalhada, relaciono os pontos positivos e pontos negativos de cada uma das referências e começo aí o processo de criação do meu projeto, juntando ideias e trazendo para o meu nicho. Independente do seu *business*, você pode usar dessa mesma estratégia para criar algo novo.

3 – Ser curioso, perguntar sempre

Quer ser criativo? Seja curioso!

A principal forma de potencializar a sua criatividade é perguntando-se: "O que eu posso fazer de diferente hoje que eu ainda não fiz?" Eu me faço essa pergunta todos os dias, principalmente quando estou envolvido em um desafio que precisa da minha criação, das minhas ideias. Para ter criatividade apurada, você precisa se questionar.

É comum que, durante a jornada, apareçam muitas dúvidas, pessoas irão dizer: "Não dá para fazer", "Não vai funcionar" e diversas outras. Nunca aceite esses feedbacks, sempre vá atrás da resposta. Defenda a sua ideia. Com a facilidade de busca por informações, tendo boas referências para modelar, uma coisa é certa, se alguém já fez, você também consegue fazer, e se não está conseguindo fazer, é porque precisa aprender algo novo.

4 – Aprender sempre algo novo

O desafio constante de aprender o novo aumenta o repertório de memorias e ideias. Como fazer para estar sempre aprendendo algo novo:

a) A leitura de livros diversificados;

b) Vídeos gratuitos na internet sobre temas relacionados a inteligência emocional e sobre o seu nicho de negócio;

c) Palestras, cursos e imersões;

d) Mentorias e *coachings*;

e) Grupos de *mastermind;*

f) Conversas produtivas com amigos.

Vale lembrar que tudo o que está relacionado a novos aprendizados, você deve assimilar como investimento em você mesmo e não como gasto.

Não existe investimento melhor que você possa fazer do que investir no seu conhecimento.

5 – Sair da caixa

Uma pessoa com a mente aberta é muito mais criativa. Sempre analise novas formas de executar a atividade, corrigindo as falhas e aprimorando o trabalho. Por exemplo, por onde vou, eu estou sempre analisando os detalhes construtivos dos projetos, para que eu possa ter uma entrega extraordinária.

Para isso, é preciso gerenciar a ignorância, pois muitas vezes achamos que já sabemos de tudo e quando nos deparamos com algo que foi feito diferente da forma que fazemos, achamos logo um meio de criticar ou achar uma desculpa para não desenvolver ainda mais aquela ideia e criar algo muito melhor.

O medo de errar está reduzindo drasticamente o potencial de criatividade. O medo de errar faz com que fiquemos felizes com o "bom", com aquilo que já está "dando certo". Mas, essa acomodação é o que nos impede de criar o extraordinário.

6 – Pensar

Pensar é um trabalho duro e é por isso que tão poucas pessoas pensam. A atividade de pensar exige um tempo sozinho consigo mesmo, todos os dias. É nesse momento em que estando de mente aberta, deixando as ideias entrarem na mente, vá apenas as filtrando, para então, alimentar, ainda na imaginação, as ideias que são frutíferas.

Para que essa estratégia funcione, você precisa antes disso, ou até neste momento, questionar-se. Aquela perguntinha que eu citei na estratégia de número 3: "O que eu posso fazer de diferente hoje, que eu ainda não fiz?" É nessa hora, que as respostas para essa pergunta começam a surgir de forma sobrenatural. Por exemplo, eu costumo e aconselho você fazer também, é reservar uma hora da sua manhã, de preferência nas primeiras horas, pois é quando estamos mais descansados e menos ocupados para exercitar a estratégia de pensar.

Quero citar outro exemplo: quando eu estou fazendo atividade física, seja caminhando ou pedalando, eu também exercito o pensar e posso dizer que é muito produtivo e tem me dado ideias brilhantes. Se funciona pra mim, vai funcionar para você também.

7 – Testar

A criatividade não é um ato único e sim, um processo. É preciso testar as ideias e ir ajustando. É muito importante imaginar algo e em um curto espaço de tempo tornar isso uma criação, ou seja, tirar do pensamento e colocar em prática, para que essa ideia não se perca na enxurrada de ideias que irão surgir na sua mente.

É aqui que eu me destaco. Normalmente, eu imagino de manhã e à tarde já estou testando essa nova ideia.

8 – Aceitar desafios grandes

Os desafios irão potencializar a sua criatividade, irão fazer você pensar fora da caixa, se questionar e ir em busca das respostas; eles irão fazer você ir em busca de conhecer pessoas novas e aprender coisas novas. Normalmente, esses desafios grandes têm um prazo para você cumprí-los e isso irá fazer com que você teste todas as ideias possíveis, sem ter medo de errar.

Saiba de uma coisa, você vai errar. Você pode até fracassar, mas se você não desistir, você vai criar tudo aquilo que é necessário para chegar aonde você quer chegar.

É importante que todas essas estratégias comecem a ser colocadas em prática o quanto antes e saiba que essa jornada não tem fim. Pratique essas estratégias sempre. É inevitável que as colocando em prática, você vai alcançar seus objetivos e quando isso acontecer, não deixe de exercer essas estratégias, não entre em uma zona de acomodação.

O impossível não existe!

Há 5 anos eu nunca imaginaria estar construindo prédios e projetos grandiosos, sabe por quê? Porque para mim, era impossível.

Eu não conseguia visualizar, de forma clara, um caminho para chegar a construir projetos grandiosos, minha vida era medíocre, extremamente ocupada e focada na sobrevivência.

Quando abri a mente para novas possibilidades e deixei a criatividade tomar conta de mim, eu saí de empresário falido e quebrado para um empresário criativo, que administra um ***business*** de mais de R$ 100 milhões e que vem crescendo a cada dia mais e mais.

E se eu pude transformar a minha vida, usando essas 8 estratégias para desenvolver a criatividade, eu quero te falar que VOCÊ também PODE!

Escreva: quais estratégias você vai utilizar, de imediato, para desenvolver a sua criatividade?

"

Criatividade não quer dizer que você precisa criar algo do zero, mas sim, você precisa transformar ideias boas em ideias extraordinárias, que entreguem ainda mais valor.

Paulo Maier

Renata Bilhim

Sou a Renata Bilhim, filha do José Bilhim e da Yonne Oliveira, irmã de Thiago e Junior e esposa do Paulo Castro.

Sou advogada, professora, palestrante, empresária, empreendedora.

Atualmente, sou conselheira no CARF (Conselho Administrativo de Recursos Fiscais), órgão vinculado ao Ministério da Economia, que julga os processos administrativos tributários em nível federal. Doutora em Finanças Públicas, Tributação e Desenvolvimento pela UERJ. Mestre em Direito Público. Professora Convidada dos cursos de pós-graduação da FGV, USP, PUC, IBMEC, entre outras. Advogada tributarista com mais de 20 anos de atuação.

Sou autora de artigos jurídicos, capítulos de livros e dos livros autorais: *Planejamento Tributário no CARF Pós-Zelotes* e *Pragmatismo e Justificação da Decisão Judicial*.

renatabilhim

Renata Bilhim

Renata Bilhim

23 CONHECIMENTO, UM ETERNO APRENDIZ

Por Renata Bilhim

O mundo está mudando muito rápido. Vivemos tempos de transformação e o que se pensava absoluto, de uma hora para a outra perde o pedestal. O Uber abriu espaço na soberania dos táxis. O Airbnb tornou-se uma opção aos hotéis. O telefone fixo virou uma lenda e todos possuem celular. A internet mudou a forma de se pesquisar fazendo desaparecer as tradicionais enciclopédias. O e-mail e o WhatsApp enferrujam o serviço postal. Os computadores e tablets quase que aniquilaram os cadernos. O comércio eletrônico abriu concorrência com os shoppings centers. As tradicionais novelas deixam de ser atrativas perto das séries da Netflix. As locadoras de vídeo pereceram com a TVs a cabo ou satélite. Os restaurantes perdem para o delivery. O atlas cabe dentro de um aplicativo que te leva onde desejar sem a necessidade de pedir informação no posto Ipiranga. As pessoas se conhecem no Tinder. As notícias do Jornal Nacional chegam mais rápido no Youtube, Instagram, Facebook ou Twitter. As reuniões em grandes salas em pomposos escritórios se sucumbem à uma sala no zoom ou Google Meet. O formato educacional presencial vem sendo vencido pelo online.

Profissões tradicionais deixam de existir e novas ganham destaque, os youtubers e influencers digitais fazem os anúncios e propaganda da atualidade, a ***social media*** (gestor de mídias sociais) fez o marketing ganhar o maior destaque da história, o gestor de tráfego ganha relevância por conta da necessidade de transformação digital. As vendas da era digital mudaram seu formato exigindo mais da profissão mais antiga do mundo. É comum ouvir: "quem não está nas redes sociais, não está no mundo".

O cliente cada vez mais é o centro do negócio e novas ferramentas para entender o seu comportamento nascem com a tecnologia em progresso, entre elas o ***machine learning*** e o ***Big data***[1].

1. *Machine learning* é a base de sistemas de inteligência artificial. Enquanto o *big data*, em síntese, trata-se do mecanismo como dados e informações são coletados, armazenados, categorizados e atualizados.

Tudo isso em pouco mais de vinte anos.

A cada momento que passa, medimos o tempo de forma cada vez mais curta com relação aos fatos passados. Antes se dizia: "Há vinte anos eu fazia isso, há dez aquilo, há cinco aqueloutro". Com o avanço da tecnologia, das novas formas de pensar, o tempo passou mais rápido. Após a pandemia do Coronavírus, o tempo do tempo atrás diminuiu gradativamente e hoje falamos: "Há dois anos eu andava livremente pelas ruas sem máscaras e sem que o fantasma da COVID-19 nos assombrasse".

Como dar conta de tantas mudanças? A resposta é simples: para acompanhar as transformações, o caminho é nunca deixar de aprender.

O historiador israelense Yuval Noah Harari[2] já dizia: ***se você se apegar a qualquer tipo de identidade, emprego ou visão de mundo estável, corre o risco de ficar para trás enquanto o mundo avança. Para se manter social e economicamente relevante, é preciso ser capaz de aprender e se reinventar constantemente***.

É necessário estar atento às novas realidades e se reinventar, sair da zona de conforto, transformar o antigo em novo, agregar novas habilidades, comportamentos e saberes num constante aprendizado aplicado à vida, às profissões, aos relacionamentos e tudo o mais. Essa capacidade de adaptação na busca reiterada pela transformação através do conhecimento contínuo é o que vem se denominando no mundo de ***lifelong learning*** – em tradução livre, "aprendizado ao longo da vida".

Entre nós pode ser um conceito novo, porém o ***lifelong learning*** já data da década de 70, quando se tornou um campo da política educacional, por conta de uma demanda apresentada pela Unesco, diante de toda evolução e constante mutação observada no mercado de trabalho mundial.

Trata-se de um conceito que lança luzes à educação contínua, defendendo a ideia de que os estudos devem ser permanentes e não limitados a um curto período da vida, nos bancos escolares findando-se na graduação e especialização.

Na década de 90, com os avanços dos estudos sobre a educação, essa concepção de aprendizado constante que ultrapassa os limites das instituições e quaisquer barreiras de idade ou nível social, restou mais evidente. Em 2010, com a publicação de um relatório da Comissão Internacional sobre Educação para o Século XXI, da Unesco, esse conceito ganhou mais amplitude e popularidade.

Desta nova abordagem educacional, nasceu uma organização chamada ***Lifelong Learning Council Queensland*** (LLCQ), a qual passou a representar o

---

2. Harari, Yuval Noah. 21 Lições para o Século XXI. Rio de Janeiro: Companhia das Letras, 2018.

lifelong learning em todo o Mundo. De acordo com a instituição, o conceito tem como fundamento quatro pilares:

1. Aprender a conhecer

Esse pilar está ligado a uma perspectiva interior, individual e autônoma da pessoa. A maneira que cada um tem de encontrar dentro de si a melhor forma de compreender, construir e reconstruir o conhecimento frequente.

Aprender a conhecer é ter prazer no processo de construção do conhecimento, de forma curiosa e aberta a novas perspectivas, assim como no resultado proporcionado por ele. Um processo de aprendizagem prazeroso é a chave para a manutenção de uma educação continuada e voluntária.

O *lifelong learning* não se limita à busca por conhecimento seguindo os métodos tradicionais de ensino, pelo contrário, vai muito além deles. O objetivo da aprendizagem contínua também tem por escopo motivar o senso crítico, a capacidade de reflexão, o posicionamento diante de conflitos e adversidades. Portanto, encontre formas alternativas e procure instigar a sua curiosidade e atenção, além de desenvolver autonomia para dominar diferentes áreas do saber. É sobre aprender a pensar por suas próprias convicções e não apenas reproduzir pensamentos de terceiros.

Escolha um tema que desperte o seu interesse. Quando o assunto te agrada, a memória e a atenção funcionam melhor e você absorve o conteúdo com mais facilidade.

2. Aprender a fazer

A maior parte do aprendizado se deve ao fazer. Assim, o segundo pilar foca no exercício do que se aprendeu. Colocar o aprendizado em prática o torna mais real e concreto e, portanto, mais eficaz.

A aprendizagem *on-the-job* decorre da vivência, das tarefas rotineiras, das responsabilidades e desafios diários, o que estimula, por via reflexa, o desenvolvimento de habilidades comportamentais, como, por exemplo, a comunicação interpessoal, a proatividade, a inteligência emocional e trabalho em equipe, entre outras.

Logo, não basta apenas estudar a teoria, o indivíduo precisa se comprometer a aplicá-la no seu dia a dia. A teoria informa, a prática transforma. Não tem segredo, é colocando a "mão na massa" que o conhecimento irá se potencializar. É a prática que faz com que o conhecimento se torne em um hábito.

3. Aprender a conviver

O terceiro pilar trata-se de uma das habilidades que todos adquirem ao longo da vida: a capacidade do indivíduo em se relacionar com outros seres humanos, de compreender o outro dentro de uma sociedade composta por grupos plurais, diversos e dinâmicos.

O conhecimento adquirido é ainda mais potencializado por meio da interação social. A partir de trocas com outras pessoas, é possível desenvolver habilidades fundamentais (boa comunicação, proatividade, relacionamento interpessoal, entre outras), ampliar o ***networking***, aprender a gerenciar conflitos, lidar com adversidades e entender a percepção do outro. A busca pelo autoconhecimento é um bom exemplo de como aplicar esse pilar.

4. Aprender a ser

Esse último pilar ensina que cada indivíduo é responsável pelo seu próprio aprendizado. Cada ser tem autonomia para aprender coisas novas, desenvolver um pensamento crítico, ter responsabilidade social, despertar o desejo pelo conhecimento contínuo e descobrir o seu potencial.

A forma como você age com relação à sua capacidade de aprender com cada experiência, determina o tipo de pessoa que você está se tornando. O processo de aprendizagem objetiva desenvolver as potencialidades dos indivíduos, como, por exemplo, a sensibilidade, a memória, a lógica, a ética, a criatividade, a iniciativa e a capacidade de comunicação.

Posto isso, importante dizer que o ***lifelong learning*** nunca esteve tão presente como agora, no cenário pós pandemia do COVID-19, que intensificou a corrida pelo conhecimento e nos fez refletir a própria vida em todos as áreas do saber. A verdade é que quem tem o conhecimento afiado e em dia, sabe reconhecer uma oportunidade em qualquer adversidade.

É isso! A nova lei da sobrevivência é o conhecimento contínuo, permanente. Clichê ou não, o conhecimento não nos pode ser retirado em nenhuma circunstância e dele depende a nossa rápida ou precária adaptação nesse mundo em constante e contínuo movimento.

Foi-se o tempo em que ter uma graduação, uma especialização ou uma pós-graduação eram suficientes para se destacar no mercado de trabalho. Atualmente, ser especialista em um nicho ou em uma área específica não é mais um diferencial, é uma obrigação.

Exige-se experiência, o domínio de um ou mais idiomas, relacionamento interpessoal, boa comunicação, habilidades para gerenciar conflitos, técnicas de negociação, desenvoltura para falar em público. Você não é contratado apenas pela sua habilidade técnica, mas por tudo aquilo que não está escrito no seu LinkedIn.

Mais importante do que diploma ou título, é a sua capacidade de saber pensar, de se relacionar (consigo mesmo e com os outros), de solucionar conflitos, de aprender, desaprender e reaprender de acordo com as demandas pessoais e profissionais que surgem de uma hora para outra na vida e no mundo.

Cumprir somente os anos escolares e encerrar os estudos após a graduação sem se preocupar com atributos adicionais, é uma prática que vai contra o ***lifelong learning*** e quem não se adaptar a esta nova realidade vai acabar sendo banido pela nova seleção natural.

Ser um eterno aprendiz é o que se espera do indivíduo e do profissional do presente e do futuro. Como já dizia Gonzaguinha: "Viver e não ter a vergonha de ser feliz! Cantar e cantar e cantar a beleza de ser um eterno aprendiz."

"

A verdade é que quem tem o conhecimento afiado e em dia sabe reconhecer uma oportunidade em qualquer adversidade.

Renata Bilhim

Sandra Izepe Martinez

Sou a Sandra, filha de Deus, esposa do Paulo, mãe da Letícia, sogra do Yudi. Deus está em primeiro lugar em minha vida, pois sem Ele nada sou; se hoje estou aqui escrevendo este livro, é porque Ele é tudo!

Sou administradora de empresas há 28 anos, consultora *business*, *coach* de desenvolvimento humano há 9 anos, analista de perfil comportamental, mentora *kids*, *teens* e *family* (ajudo famílias, crianças e adolescentes a ressignificarem suas vidas), mentora escolar e de professores, palestrante e escritora.

O Centro de Treinamentos Sandra Martinez está em Naviraí – MS.

sandra.martinez.coach
Coach Sandra Martinez
(67) 9995 - 6460
cooachsandramartinez@gmail.com
Coach Sandra Martinez

24 GERENCIAMENTO DE TEMPO

Por Sandra Izepe Martinez

Sou uma mulher sonhadora, determinada, resiliente, persistente, que nunca desisto dos meus sonhos. Muito visionária, sempre me arrisquei nos meus projetos; impulsiva, não media esforços para realizar algo, uma desbravadora, uma leoa. Nunca fui de muitas amizades, de poucas palavras, muito observadora em tudo. Mãe de Leticia, filha amada, desde os seus 3 anos fomos morar com os meus pais e desde sempre trabalhando e cuidando dela, com a ajuda de meus pais Décio e Cleusa.

Administrei grandes empresas, mas sempre me via ensinando pessoas. Pelas empresas que passei, sempre ajudei os funcionários a serem melhores do que eram, levando uma palavra de ânimo, coragem e mostrando a eles o quanto eles podiam mais.

No ano de 2008, entreguei minha vida a Jesus, iniciando uma vida nova. No ano de 2015, um amigo me disse: "Você poderia ser ***coach***"; eu nem sabia o que era, fui pesquisar e comecei a estudar pela internet e, em pouco tempo, já estava formada na profissão onde descobri realmente qual era o propósito de Deus em minha vida, me formei e já dei início à profissão.

Sempre sonhando em ter meu escritório e ser uma empreendedora, tive muitos desafios. Nesse mesmo ano conheci meu esposo, o pastor Paulo, homem íntegro, apaixonado por Jesus, um grande homem de Deus. Aí se iniciava uma outra etapa em minha vida, nos casamos no ano seguinte, com vários desafios, vencemos todos.

Em 2019, realizei o meu sonho, ter o meu escritório Centro de Treinamentos Sandra Martinez.

Tive muitas perdas financeiras devido à falta de gerenciamento de tempo e de gestão financeira no decorrer de minha vida. A primeira coisa de destrói o ser humano é ele não saber quem ele é - a sua IDENTIDADE – depois, a falta de gestão do tempo, gestão emocional e gestão financeira, mas vou falar do que a falta de gestão de tempo me fez.

Ela me levou a tomar decisões precipitadas em minha vida, gerando prejuízos financeiros e emocionais. Perdi grandes chances por não parar o meu tempo e ouvir as orientações do Espírito Santo. Quando somos impulsivos, quando não ouvimos pessoas, isso nos gera muitos transtornos e prejuízos, foram muitas as perdas que eu tive, financeiras e materiais.

Tive muitos transtornos, muitas humilhações, muitas acusações, constrangimentos por não poder usar o meu nome, além de perdas materiais e financeiras. Em nossa vida, mesmo quando consertamos, mesmo não cometendo os mesmos erros, tudo gera uma consequência. De todas Deus me livrou, porque Ele tem um propósito a cumprir através de mim.

Aaaah se eu pudesse parar o tempo, parar o relógio e voltar há 30 anos, tudo seria diferente. Com a sabedoria, experiência e gerenciamento do tempo que tenho hoje, tudo seria diferente:

- Teria sofrido menos;
- Confiado mais em Deus;
- Buscado mais a Deus;
- Confiado menos em pessoas;
- Me frustrado menos;
- Teria aproveitado mais o meu tempo;
- Teria dado ao tempo o tempo que ele precisava para que eu criasse mais maturidade;
- Teria amado mais as pessoas;
- Aproveitado melhor as oportunidades;
- Teria falado NÃO;
- Teria planejado as coisas com o tempo preciso;
- Não teria perdido o FOCO;
- Teria aprendido com menos dor;
- Teria ouvido as pessoas certas;
- Teria cuidado melhor das minhas emoções;
- Teria cuidado melhor de mim;
- Me dado maiores chances de ver quem eu realmente sou;
- Ouvido mais e falado menos;
- Agido com mais cautela;
- Não teria perdido tanto dinheiro;
- Teria buscado mais minha paz interior;
- Não teria ficado tão ansiosa;
- Teria poupado pessoas.

Aaaah tempo, como tu és precioso! Quando nós temos um gerenciamento do nosso tempo, tudo fica mais fácil, mais leve, conseguimos ter uma visão mais positiva do nosso futuro e saber o tempo certo em que ele vai acontecer, não ficamos tão ansiosos.

Quero aqui falar para você que tem perdido tanto tempo, que ainda dá tempo de você olhar para o tempo e mudar o seu tempo hoje. Vamos iniciar a sua nova trajetória no tempo certo: o agora.

A autorresponsabilidade é um grande fator de mudança para você gerenciar o tempo a partir de agora, o seu tempo.

A primeira coisa é você olhar para tudo o que foi perdido, devido ao mal gerenciamento de tempo e olhar com os olhos de Jesus, olhar tudo o que aconteceu em sua vida e tirar todo o aprendizado e conhecimento que você adquiriu, isso mesmo. Quando olhamos as coisas com autorresponsabilidade, sabendo que você é o único responsável pelo seu tempo, pelo gerenciamento dele, aí sim, começa a sua grande mudança. Repita essa frase: EU SOU RESPONSÁVEL POR MIM E, A PARTIR DE AGORA, O ÚNICO RESPONSÁVEL PELAS MINHAS MUDANÇAS.

A autorresponsabilidade é trazer à sua memória o que aconteceu e tirar todo o seu aprendizado: o que aprendeu em ter confiado mais nas pessoas e ouvido menos você?

Hoje, quando eu olho para trás e trago toda a responsabilidade para mim das coisas que não deram certo devido à má gestão do meu tempo, não fico amargurada, triste, frustrada; fico feliz em saber que Jesus está me dando a oportunidade de administrar melhor o meu tempo e sendo assim, tudo acontecerá no tempo certo, sem fadiga, sem estresse e tantas outras coisas que nos atrapalham e nos limitam.

"Há um tempo para tudo, e um tempo para cada evento debaixo do céu: tempo para nascer e tempo de morrer; um momento de plantar, e tempo de arrancar o que se plantou". Eclesiastes 3:1-2

Analisando este texto, vimos como funciona o tempo, pois para tudo em nossa vida há um tempo para cada fase de nossa vida nessa terra. Deus gerencia muito bem o tempo da nossa vida; ainda quando somos pequenos, temos o tempo dentro da barriga de nossa mãe, depois nascemos e temos o tempo em que ficamos ao total cuidado e dependência de nossos pais, o tempo de colo que ficamos aguardando o tempo certo de ir ao chão e começarmos uma jornada de conhecer o que é realmente o mundo, ali quando começamos a engatinhar.

Ali já se inicia, indiretamente, a nossa liberdade, começamos a gerenciar o nosso tempo, claro que com os cuidados e o tempo de nossos pais, mas Deus controla o tempo do nosso crescimento até o final dele. Nesse meio tempo, tomamos os atalhos (isso mesmo!), ficamos grandes e já não precisamos dos pais e o tempo é nosso, gerenciamos de nossa forma; nem sempre sai da forma que sonhamos, porque os atalhos do tempo que achamos que vamos chegar mais rápido, é onde nos enganamos, os atalhos demoram mais ainda o processo do tempo certo em nossa vida.

Temos o tempo de morrer, no qual muitos o antecipam, por serem muito apressados, querendo ser mais rápidos que o tempo.

Temos o tempo de plantar as coisas boas e ruins nessa terra. As coisas boas são plantadas e colhidas no tempo e modo certo; assim como plantar as ruins, as colheitas serão em um tempo não muito bom.

Efésios 5: 15-17 diz: ***"Portanto, vede prudentemente como andais, não como néscios, mas como sábios, remindo o tempo; porquanto os dias são maus. Por isso, não sejais insensatos, mas entendei qual seja a vontade do Senhor."***

Aqui, nós podemos ver o que é ser prudente com o tempo. Prudência é fazer as coisas com cuidado, planejamento e FOCO. Ser diligente, sensato e não ser como pessoas que correm de um lado para o outro sem saber para onde estão indo e sendo assim elas encurtam o seu tempo. Quando nós buscando gerenciar o nosso tempo em Deus, tudo sai perfeito a seu tempo, da mesma forma que somos gerados na barriga e no tempo certo viemos ao mundo.

Os dias são maus para aqueles que cortam o tempo, e para aqueles que não conseguem administrar o seu tempo com eficácia. O relógio não para, pois sem ele não conseguimos ter uma boa administração de nosso tempo.

Perdas quando não gerenciamos nosso tempo:

- Tempo com Deus, de orar mais;
- Tempo com o cônjuge;
- Tempo com os filhos;
- Tempo com a família;
- Tempo de ver seus filhos crescerem, irem para escola, brincarem, irem para a faculdade, se tornarem profissionais, de construírem a própria família;
- Perdemos dinheiro;
- Perdemos de ser mais prósperos em todas as áreas de nossa vida: na saúde, na espiritualidade, nas emoções, no servir ao próximo;
- Perdemos tempo de nos aperfeiçoarmos mais em nossa área profissional e, sendo assim, perdemos grandes oportunidades;
- Perdemos de ler um bom livro, no qual vai nos dar uma outra visão, no qual vai nos tirar da zona de conforto e fazer que crescemos mais;
- Perdemos de acordar mais cedo e ver o nascer do sol, de contemplar as grandezas que o Senhor nos deixou para usufruir, de parar e ver os pássaros cantarem, ver o cachorro correr na rua, olhar as nuvens

como elas se movem no tempo certo, a formação delas e como elas desaparecem, no seu tempo;

- Perdemos de amar mais as pessoas;
- Perdemos de namorar mais o cônjuge, de compartilhar os ganhos do dia;
- Perdemos de contar histórias para os filhos, como era a nossa infância e como era o tempo em que éramos criança;
- Perdemos de ouvir mais as pessoas idosas, os avós, os pais, os tios, em saber como foi o tempo deles, o que eles faziam no seu tempo;
- Perdemos de ouvir uma música que gostamos;
- Perdemos de jantar com pessoas agradáveis;
- Perdemos de visitar e de tomar um chá com uma amiga e de ligar para um parente distante.

Ganhos ao gerenciar melhor nosso tempo:

- Ganhamos um dia bem planejado e mais produtivo e tudo sai com excelência;
- Ganhamos de amar mais as pessoas;
- Ganhamos oportunidades;
- Ganhamos abundância;
- Ganhamos a presença do Senhor em todos os minutos de nossa vida;
- Aaaah como é bom saber que ainda temos tempo para aproveitar e tomar posse de tudo o que Deus já nos deixou há mais de 2000 anos;
- Como é bom saber que podemos e vamos usufruir do melhor tempo de nossas vidas;
- Como é bom ter domínio nas emoções e, sendo assim, teremos domínio sobre o nosso tempo;

Como é bom saber que Jesus não me condena por eu não ter gerenciado melhor o meu tempo, e ele aguardou o meu tempo para que no tempo dele eu acordasse para o tempo e consertasse tudo e aproveitasse melhor o meu tempo.

Aceite o processo do tempo para que se cumpra o propósito em sua vida!

"

Aceite o processo do tempo para que se cumpra o propósito em sua vida!

Sandra Izepe Martinez

EDITORA
CHAVE MESTRA®